+ 매달,
× 무조건
÷ 돈이 남는
━━━━━━━
= 예산의 기술

월급이 작고 귀엽다고 포기하지 말 것! _____

+ 매달,
× 무조건
÷ 돈이 남는
―――――――――――――――――
= 예산의 기술

제시 메캄 지음
김재경 옮김

청림출판

한 그루의 나무가 모여 푸른 숲을 이루듯이
청림의 책들은 삶을 풍요롭게 합니다.

가장 쉽고 안전하게
돈을 불리는 법이 있을까?

이 책을 펼쳤다는 건 당신이 어떤 식으로든 돈 때문에 스트레스를 받고 있다는 뜻이다. 머리를 쥐어뜯을 만큼 스트레스가 심할 수도 있고, 그저 통장 사정이 예상만큼 좋지 않다고 침울해할 수도 있다.

패닉 수준이든 그냥 마음이 울적한 정도이든, 우리는 늘 온갖 돈 걱정으로 심란하다. 그러나 평소 우리는 이 사실을 알아차리지 못한다. 점심시간에 한 식당에서 샌드위치를 집어 들었다고 해 보자. 계산을 기다리는데 집 냉장고에 잔뜩 쌓여 있는 샌드위치가 떠오른다. 그리고 이내 '조금만 더 일찍 일어나서 도시락을 쌀걸' 하고 생각한다.

신문을 보다가 당신 세대가 노후 자금을 충분히 저축하고 있지 않다는 기사를 읽고는 지금이라도 퇴직연금에 가입해야 하나 고민한다. 화장실을 리모델링하려고 돈을 모으고는 있지만, 노트북은 고장나기 직전이고 키우는 강아지는 다리를 절고 있는 데다, 늘어나는 교육비를 감당하려면 아이들을 대학에 보낼 때까지 허리띠를 졸라매야 할 것 같다. 이런저런 생각을 하다 보면 가슴이 꽉 조여 오고 숨도 좀 막히지만, 단지 일이 많아서 스트레스를 받는 거라 생각한다.

이런 압박감의 근원을 들여다보면 질문 하나가 반복되고 있다.

"여기에 돈을 써도 되나?"

'여기'라는 말에는 작게는 밖에서 동료들과 사 먹는 점심이, 크게는 은퇴 준비가 포함된다. 부유하든 그렇지 않든, 이 질문은 끊임없이 우리 모두를 괴롭힌다.

"써도 되나?"라는 이 질문에 견줄 만한 걱정은 바로 "써야 되나?"이다. 이런 의문은 비교하기 좋아하는 인간의 습성 때문이기도 하지만, 주로 자신이 정말로 원하는 게 무엇인지 모르기 때문에 발생한다. 예를 들어, 직장 동료가 아이들의 대학 등록금을 위해 매달 돈을 조금씩 떼어 놓고 있다고 하면 괜히 자신도 그래야 하나 싶어진다. 또 사촌이 가족 여행을 다녀왔다며 잘 나온 사진만 골라서 인스타그램에 올리면, 왠지 자신도 휴가를 떠나야 할 것만 같다.

'여기에 돈을 써야 하나?'를 생각하다 보면 매번 '여기에 돈을 써도 되나?'라는 고민이 다시 찾아와 불안감을 들끓게 한다. 뭔가를 해야겠다는 판단은 들지만 언제 무엇을 해야 할지, 할 수 있는 일이 있긴 한지 알지 못한다. 이쯤 되면 대개 정신이 멍해져서 결국 아무 것도 하지 않게 된다. 이런 상황에 처하는 이유는 보통 셋 중 하나다.

첫째, 본인의 판단에 대한 확신이 없다

여러 가지 선택 중에서 자신의 직감을 따라야 할지, 혹은 TV에서 떠들어 대는 말을 들어야 할지, 아니면 아예 다른 선택지를 찾아야 할지 판단을 내리지 못한다.

둘째, 제대로 된 의사결정 체계를 가지고 있지 않다

어떤 체계를 세워야 하는지는 이 책에서 곧 자세히 다룰 테니 일단 전제만 기억하자. 돈에 대한 의사결정을 제대로 내리기 위해서는 시스템이 준비되어 있어야 한다. 그렇지 않다면 기분대로 소비하며 저축하게 된다.

셋째, 통장 잔고와 자금 흐름을 제대로 알기 두렵다

통장에 돈이 휙휙 들어왔다 나갔다 하는데 잔고가 바닥을 찍지는 않으니 괜찮다고 짐작할 뿐, 실제 돈이 어떻게 쓰이고 있는지는 모른다. 아니 알게 되는 것도 두렵다.

그렇다면 우리는 어떻게 해야 할까? 바로 이 책이 그 답을 찾도록 도와줄 것이다. 우선 어떤 경제적 난관도 극복할 수 있는, 아주 강력한 조언이 있다.

"돈은 잊어버려라."

사실 돈 문제는 '돈'에 관한 문제가 아니다. 물론 돈을 빼놓고 이야기할 순 없지만 돈이 핵심은 아니라는 뜻이다. 우리가 돈 때문에 스트레스를 받는 진짜 이유는, 돈과 관련해 스스로 내린 결정이 자신이 원하는 삶에 부합하는지 확신하지 못해서다.

우리가 스스로에게 던져야 할 질문은 "여기에 돈을 써도 되나?" 또는 "여기에 돈을 써야 하나?"가 아니다. 바로 "내 돈으로 날 위해 뭘 하고 싶은가?"이다. 이 질문에 답할 수 있다면 선택지가 너무 많아 생기는 혼란도, 남들 쓰는 만큼 써야 한다는 부담도, 돈을 똑똑하게 쓰지 못하고 있다는 무력감도 이겨 낼 수 있다.

"내 돈으로 날 위해 뭘 하고 싶은가"라는 질문은 인생의 우선순위에 따라 돈에 관한 판단이 이루어지고 있는지 확인할 수 있는, 일종의 자기 점검 수단이다. 돈으로 무엇을 하고 싶은지 알 수 있다면, 선택의 부담은 훨씬 줄어들고 압박감은 금세 자신감으로 바뀐다.

자기 점검부터 시작하라

"내 돈으로 날 위해 뭘 하고 싶은가?"

정신없이 돈을 벌고, 쓰고, 모으는 동안 당신은 한 번이라도 스스로에게 이런 질문을 해 본 적이 있는가?

없어도 괜찮다. 그런 고민을 하는 사람은 많지 않을뿐더러, 실은 답하기도 어려운 질문이다. 게다가 시간이 지날수록 답이 바뀌는 게 자연스럽기도 하다. 따라서 돈과 관련된 결정을 내릴 때는 매번 자기 점검을 해야 한다. 그래야 우선순위를 그대로 유지할지, 혹은 필요한 변화를 취할지 판단할 수 있다.

그런데 여기서 확실히 짚고 넘어갈 것이 있다. "내 돈으로 날 위해 뭘 하고 싶은가"는 "내가 뭘 갖고 싶은가"와는 다른 질문이다. 크리스마스에 사거나 받고 싶은 물건 목록이 아니라는 뜻이다. "내 돈으로 날 위해 뭘 하고 싶은가?"라는 질문은 사실 자신이 어떤 종류의 삶을 살고 싶은지 결정하고 그 목표에 도달할 수 있는 방향으로 돈과 관련된 계획을 세우는 과정의 일부다.

이미 원하는 삶을 살고 있는 게 아니라면, 앞으로 어떤 식으로 살고 싶은지 생각해 보라. 지금의 상황과는 너무 동떨어진다 해도 걱정할 필요는 없다. 나에게 중요한 게 무엇인지만 생각하면 된다. 핵심은 자신의 우선순위를 결정하고 그에 맞춰 계획을 세우는 것이다.

만약 아무런 계획이 없다면, 삶이 언젠가 제자리를 찾기만을 기대하며 비틀비틀 떠돌아다니고 있는 셈이다. 대학에 가 놓고 전공은 고르지 않는다거나, 마트 진열대에서 아무거나 골라 놓고 식탁에 요리가 올라오길 바라는 것과 같다. 그런데도 많은 사람들이 이처럼 돈을 관리한다. 별생각 없이 돈을 벌고 쓰기만 하다가 어느 순간 스트레스로 고통 받으며, 대개는 그것이 돈 때문이라는 사실도 깨닫지 못한다.

예산 계획이 곧 인생 계획

지금쯤 당신은 이렇게 생각할지도 모른다.

'결국 인생 계획을 세우란 말 아니야?'

인생 계획은 바로 예산 계획과 같다. 그렇다. 가계부를 쓰는 것 말이다. 돈이 많든 적든 누구나 가계부로 예산을 계획해야 한다.

가계부를 작성하고 관리한다는 것 자체는 누구나 부담스러울 것이다. 그러나 이제부터는 가계부를 새로운 시각으로 바라보자. 지금 내가 가진 돈으로는 할 수 없는 일(해외여행)이나 내가 해야 하는 일(학자금 대출)은 잊자. 대신 내가 하고 싶은 일을 떠올리는 데서 출발하자. '이탈리아로 가족 여행을 가고 싶다', '빚 없이 살고 싶다', '이탈리아어 과외를 받고 싶다' 하는 식으로 말이다. 가계부가 있으면 이 모든 일을 실현할 계획을 세울 수 있다.

앞서 많은 사람들이 돈 문제로 고생하는 이유가 의사결정 체계를 갖추지 못했기 때문이라고 언급한 바 있다. 가계부는 바로 그 체계가 되어 준다.

가계부가 없으면 어디에 돈을 우선적으로 써야 할지 판단할 길이 없다. 자기 돈이 어디로 새고 있는지 모르는 경우도 자주 발생한다. 예를 들어, 알게 모르게 돈을 낭비하다가 정작 소중한 일에는 쓸 돈이 없어 툴툴거리는 것이다. 좋은 가계부의 매력은 이때 드러난다. 가계부를 쓰다 보면 소비 습관이 인생 전체에 어떤 영향을 미치는지 '정확히' 파악할 수 있다.

'하고 싶은 것'을 할 수 있는 돈이 과연 언제쯤에나 생길까 싶을 때, 생각만큼 멀리 내다볼 필요는 없다. 가계부를 쓰는 일이 꼭 해야 할 숙제처럼 느껴지지 않고 오히려 재밌어지는 것도 이 때문이다. 무의미하게 나가던 돈을 붙잡아 한때는 허황된 꿈처럼 느껴지던 목표에 보태면 그만큼 신나는 일이 없다. 여행 자금이 쌓이는데 뱃살은 줄어든다면(두 배로 이득이다!), 혹은 학자금 빚이 사라지는데 옷장은 깔끔해진다면 얼마나 기쁘겠는가.

기분대로 소비하지 않으면 자신이 소중히 여기는 일에 투자할 돈을 마련할 수 있다. 예산을 계획한다면 돈을 어디에 쓰고 싶은지 미리 결정하는 것이므로 죄책감 없이 소비하고 저축할 수 있다. 돈을 완전히 새로운 관점으로 바라봄으로써, 돈을 쓰든 쓰지 않든 자기 결정에 늘 만족하게 된다.

물론 예산은 사람마다 다르게 적용된다. 어떤 판단을 내리든, 내 삶을 만족스럽게 만드는 일에 돈을 투자할 방법은 늘 존재한다. 단지 계획이 필요할 뿐이다. 이제 그 방법들을 하나씩 살펴보자.

서문
부자 되는 강력한 네 가지 원칙

가장 쉽고 안전하게 돈을 불리는 법이 있을까? • 005
어떤 상황에도 돈이 마르지 않는 예산 세우기 • 016

돈이 술술 들어오는
마법의 주문

매번 돈 관리에 실패하는 이유 • 028
우선순위에 따라 돈을 나눠라 • 030
예산을 초과하지 않는 가계부를 만들어라 • 034
소망은 일기장이 아닌 가계부에 써라 • 036
원하는 삶을 살 때 생기는 변화 • 042
경제적 자유란? • 045
🪙 돈을 바라보는 새로운 태도 • 047

첫 번째 원칙,
돈마다 역할을
맡겨라

돈에 역할을 맡겨야 하는 이유 • 052
모든 항목을 의심하라 • 054
두 번째 원칙 미리 보기 • 056
우선순위에 다시 한 번 우선순위를 매겨라 • 058
미래의 내가 쓸 여윳돈 남기기 • 062
모든 결정은 스스로 내릴 것 • 066
돈을 남기는 신용카드 사용법 • 071
수입을 늘리고 지출은 줄이는 전략 • 075
🪙 손쉽게 우선순위 찾는 법 • 079

3장

두 번째 원칙,
**실질적인 비용을
받아들여라**

예측 가능한 비용과 불가능한 비용 구분법 · 084

첫 번째 원칙을 잊지 말자! · 088

실천은 소소하게, 그러나 꿈은 크게! · 089

두 번째 원칙이 가져오는 변화 · 092

생각만 하지 말고 시도하라 · 095

비상금이 없어도 생활이 여유로워진다 · 096

수입이 불규칙할수록 가계부가 필요하다! · 098

반드시 필요한 빚인지 점검하기 · 101

🪙 **원하는 인생을 만드는 예산 설계법** · 105

4장

세 번째 원칙,
**유연하게
대처하라**

반드시 계획을 지킬 필요는 없다 · 110

일단 쓰고 수정하라 · 112

돈 앞에서는 더욱 솔직해져라 · 115

우선순위는 인생을 설계하는 순서 · 117

위기가 닥쳤을 때 잊지 말아야 할 것 · 118

가장 중요한 것을 지켜 주는 힘 · 122

네 가지 원칙의 기본 · 124

🪙 **실패한 것이 아니라 유연하게 대처한 것** · 127

5장

네 번째 원칙,
돈을 묵혀라

돈을 묵혀야 하는 이유 · 132

인생의 변수에 대응하는 최고의 방법 · 135

한발 물러서면 돈의 흐름이 보인다 · 138

'돈'보다 더 중요한 '돈 관리' · 140

의지박약인 당신도 할 수 있다 ・ 144

돈이 불어나는 속도를 올리는 법 ・ 146

뜻밖의 돈이 생겼을 때 ・ 149

🪙 **당신의 돈을 나이 들게 하는 법** ・ 153

6장

함께 돈을 모으는 법

서로에 대해 알아야 할 세 가지 ・ 161

살아온 환경의 차이를 이해하라 ・ 164

사랑한다면 돈 이야기를 하라 ・ 167

서로의 우선순위를 확인하라 ・ 169

공동 계좌를 써야 돈이 관리된다 ・ 173

가계부 데이트를 하라 ・ 176

자신만을 위한 용돈을 주어라 ・ 181

🪙 **커플 가계부 쓰는 법** ・ 183

7장

빠른 속도로 빚에서 벗어나기

선택지에서 '빚'을 빼라 ・ 189

실질 비용을 기억하라 ・ 193

돈을 나이 들게 해서 돈 걱정을 없애라 ・ 195

빨리 빚을 갚으려면 우선 속도를 늦춰라 ・ 198

노력하는 만큼 돈이 늘어난다 ・ 200

가장 큰 문제는 소비 습관이다 ・ 203

🪙 **어떤 상황에서도 빚을 없앨 수 있다** ・ 207

+ − × ÷

8장

**자녀에게도
돈 관리법을
알려 줄 수 있다**

아이들에게 용돈을 얼마나 줄 것인가 · 217

아이도 충분히 돈 관리를 잘할 수 있다 · 219

아이의 눈으로 보는 네 가지 원칙 · 221

누가, 무엇을, 얼마나 낼 것인가 · 232

우선순위가 아이를 바로 세운다 · 235

💰 **가계부 쓰기, 어떻게 가르칠까** · 239

9장

**모든 걸 포기하고
싶을 때**

완벽한 가계부는 실패할 수밖에 없다 · 246

당신은 지금 행복합니까? · 251

돈 관리, 언제든 새로 출발할 수 있다 · 253

첫 번째 해결책: 가계부 디톡스 · 255

두 번째 해결책: 수입 늘리는 법 · 261

바라는 대로, 필요한 대로 돈을 움직이는 법 · 262

투자 자금 모으는 첫 단계 · 264

💰 **그만두고 싶은 마음 이겨 내기** · 266

맺음말　　잠재력을 키우는 가계부의 힘 · 267

부록　　곳곳에서 와이냅 경험하기 · 269

어떤 상황에도 돈이 마르지 않는
예산 세우기

돈을 바라보는 새로운 사고방식, 와이냅

이 책을 다 읽을 때쯤 당신은 아주 강력한 맞춤형 도구 두 가지를 갖게 될 것이다. 내가 원하는 삶을 누릴 수 있도록 돈에 대한 의사결정을 내리는 데 도움을 주는 튼튼한 체계, 바로 가계부다. 그리고 이전과 전혀 다른 방식으로 돈을 바라보게 해 주는 새로운 사고방식인 와이냅(YNAB, 'You Need a Budget'의 약자로 '와이냅'이라고 읽으며 책에서 제시하는 원칙에 따라 예산을 계획하고 돈을 다루는 태도나 마음가짐을 가리킨다)의 네 가지 원칙이다.

이제부터 네 가지 원칙이 무엇인지 하나하나 뜯어보고 와이냅 사용자들이 원칙들을 적용해 삶을 어떻게 변화시켰는지 알아보자.

첫 번째 원칙, 돈마다 역할을 맡겨라

돈이 술술 새는 상황을 막기 위해 능동적으로 행동하는 것이다. 가장 먼저 우선순위를 결정한 뒤 잔고가 바닥나기 전에 돈(뒤에서 자세히 다루겠지만 가진 돈만)을 배분한다. 우선순위가 가장 높은 항목들부터 돈이 나갈 것이므로 소비 기준이 더 높아진다.

두 번째 원칙, 실질적인 비용을 받아들여라

정기적인 비용(월세 등)이든 예측하기 힘든 비용(자동차 수리비 등)이든, 또는 먼 미래에 있을 비용(결혼 비용 등)이든 모두 다 실질적인 지출에 포함된다. 이 비용을 모두 월 단위 지출로 환산해서 매달 조금씩 준비를 하는 것이 핵심이다. 앞을 내다보는 힘에 당장 행동하는 실천력을 더한 원칙이다.

세 번째 원칙, 유연하게 대처하라

예산은 일종의 계획이다. 계획이 바뀔 수 있듯 예산도 바뀔 수 있어야 한다. 외식을 하다가 예상보다 돈을 많이 썼다는 생각에 스트레스를 받을 필요는 없다. 우선순위가 낮은 항목에 배정한 돈을 빼서 쓴 뒤 계획대로 나아가면 된다. 예산 관리에 실패한 게 아니라 상황에 잘 적응한 것이다. 흔히 예산 관리에 '융통성'은 어울리지 않는다고 여기지만, 가계부가 제대로 기능하려면 이는 꼭 필요하다.

네 번째 원칙, 돈을 묵혀라

이 원칙을 따르면 적어도 1개월 전에 벌어 둔 돈을 쓰려고 노력하게 된다. 번 돈을 쓸 때까지 더 오랜 시간을 버틸수록 안정감이 높아지고 상황에 유연하게 대처하기도 쉬워진다. 숨통이 트인다. 사실 앞에서 말한 세 가지 원칙을 적용한다면 자신도 모르는 사이에 돈을 묵히고 있을 것이다. 그러면 그 달 벌어 그 달 먹고사는 악순환과는 당당히 작별할 수 있다.

이러한 네 가지 원칙은 소득 수준이나 목표와 관계없이 누구에게나 효과가 있다. 사회 초년생은 물론, 이제 막 퇴직연금을 수령하기 시작한 은퇴자에게도 말이다. 돈이 많든 적든 씀씀이가 박하든 헤프든, 이 네 가지 원칙을 적용하면 능동적으로 돈 문제에 대처함으로써 자신의 재정 상태를 원활하게 관리할 수 있을 것이다.

와이냅의 탄생

와이냅을 시작한 건 2004년, 아내 줄리와 내가 절박했던 시절이다. 22세의 신혼부부였던 우리는 60년 된 건물 지하의 8평 남짓한 방에 살고 있었다. 이른바 '사랑으로 먹고사는' 학생 부부였다.

하지만 사랑이 등록금, 책값, 버스비(차도 없었다)를 내주지는 않았다. 회계학 석사를 마치려면 3년이나 남았으니 내가 월급다운 월급을 번다는 건 먼 미래였다. 아내는 사회복지학 학사를 마무리하고 일을 시작했지만 급여는 시간당 10달러 50센트에 불과했다. 게다가 2세를 계획하고 있던 우리는 아내가 전업주부로 아이를 돌보기를 꿈꿨지만, 그 바람을 도저히 이룰 방법이 없었다. 절망적이었다.

그때 '숫자광'인 나는 엑셀 스프레드시트에서 해답을 찾을 수 있으리라 믿었다. 그래서 지출 내역을 추적할 수 있는 시스템을 개발하기 시작했다.

내용은 간단했다. 돈이 나간 내역을 모두 기록하기로 계획한 것이다. 시트의 각 행에는 날짜를, 맨 윗줄에는 소비나 저축 항목을 나열했다. 식품, 교재, 외식, 휴대전화, 가스 요금 등 일반적인 비용을 포함시켰다. 아무리 평범한 것도 만든 사람 눈에는 늘 아름답게 보이듯 이 가계부도 내 눈에는 너무나 아름다웠다.

우리 부부는 매일 가계부를 쓰려고 노력했고, 몇 달이 지나자 놀라운 일이 일어났다. 쪼들리는 통장 사정에도 살림을 꽤 잘 꾸려 나간 것이다. 각종 청구서 대금을 모두 지불하면서도 따로 떼 놓을 돈이 어느 정도 생겼다. 우리 기준에서 만족스러운, 삶에 필요한 일들을 여전히 다 누렸다. 예산을 마련해 매달 몇 차례 심야 데이트를 했고 친구들과 외식도 즐겼으며 각자 조금씩 용돈도 썼다. 그 달 벌어 그 달 먹고살지 않게 됨으로써 우리는 점점 인생의 목표에 다가가고 있었다. 가계부가 효과를 본 것이다.

'그렇다면 내 예산 전략이 다른 사람들에게도 통하지 않을까?'

이런 생각이 들 즈음 우리 부부는 아내가 전업주부가 될 수 있도록 가계 수입을 늘리려 애쓰고 있었다. 그러던 중 아내가 시간제 일을 관두고 그 외의 일로 돈을 벌어들일 방법을 떠올렸다. 바로 사람들에게 가계부를 사용하도록 설득하는 일이었다. 그렇게 와이냅 소프트웨어가 탄생했다.

자신에게 도움이 됐던 원칙들을 사람들에게 가르치면서, 우리가 쌓은 지식이 꽤 특별하다는 걸 깨달았다. 앞서 말한 네 가지 원칙은 기본적이면서도 꽤 강력한 힘을 발휘했고 우리 가족의 경제적 상황을 완전히 뒤바꿔 놓았다. 우리는 돈 때문에 싸우는 일이 없었다. 굉장히 적은 수입으로도 만족했다.

그로부터 10년이 흘렀고, 그사이 전 세계 수십만 명이 똑같은 원칙으로부터 도움을 받았다. 나는 마침내 회계학 석사를 마치고 회계사 자격증도 땄지만 그 영광을 즐기는 대신 와이냅을 정식 사업으로 내놓기로 결심했다. 많은 사람들이 돈 관리에 어려움을 겪지 않길 바랐기 때문이다. 내 주된 업무이자 이 책의 목적은 바로 당신도 돈 문제로부터 자유로워질 수 있음을 깨우쳐 주는 것이다. 단, 그러한 자유를 얻으려면 당신에게도 가계부가 필요하다.

우선순위 시스템으로 인생을 바꿔라

그 전에 확실하게 밝혀 둘 점이 몇 가지 있다. 이 책에서는 절대 돈을 '어디'에 쓰라고는 말하지 않을 것이다. 자기 돈으로 주식을 사든 저축을 하든 에어조던 운동화를 사든(어느 색이 어울리려나?) 내가 뭐라 할 수 없는 일이다. 우선순위는 '본인'에게 달려 있으므로 '내 돈으로 나를 위해 무엇을 할지' 아는 사람도 본인뿐이다. 하지만 자기 돈으로 뭘 할지 파악하는 것이야말로 가장 어렵게 느껴질 수 있고, 따라서 이 책은 그러한 면에서 도움을 주려고 한다. 목표나 우선순위는 시간이 지나면서 달라지기도 할 것이며 이는 자연스러운 일이다. 그 변화는 자신이 바라는 삶의 모습에 달려 있다.

군이 와이냅 가계부 소프트웨어를 이용할 필요는 없다. 와이냅은 자산 관리 상황을 기록하는 '수단'보다는 돈을 대하는 '마음가짐'과 관련이 있다. 와이냅 소프트웨어를 오래 이용한 사람이든 직접 종이에 연필로 경과를 기록하고 싶은 사람이든, 와이냅의 네 가지 원칙은 똑같이 적용된다. 그러니 어떤 식으로 가계부를 쓰는 게 가장 편할지 먼저 생각해 보자. 우리 부부의 경우 내가 엑셀에 워낙 재미를 느끼다 보니 와이냅 스프레드시트를 수년간 애용하고 있다. 종이에 쓰는 걸 좋아하는 사람이라면 평범한 노트로도 가계부를 만들 수 있다. 자주 들여다봐야 할 테니 본인에게 맞는 기록 방법을 선택하길 바란다.

예산은 한번 만들어 놓고 내버려 둬도 되는 것이 아니다. 자산 관리법을 알려 주는 일부 도서나 소프트웨어, 심리 기법 등은 언제든 자동적으로 돈을 관리할 수 있다는 듯 말한다. 공과금이나 청구서 대금을 지불할 때는 물론 자동이체가 좋겠지만, 이 책은 그보다 훨씬 더 많은 내용을 담고 있다. 만약 내가 원하는 삶을 계획할 준비가 되었다면 자신의 자산에 '끊임없이' 관심을 기울여야 한다. 통장에 돈이 들어올 때는 매번 그 돈으로 뭘 할지 계획을 세워야 한다. 그리고 돈을 쓸 때는 정말 원하는 곳에 돈을 쓰고 있다는 확신이 뒷받침되어야 한다. 한편, 계획에 없는 소비를 할 때는 인생 목표에서 벗어나지 않도록 매번 예산 계획을 수정해야 한다.

앞에서 돈은 중요하지 않다고 말했는데, 정말 그렇다. 중요한 건 우선순위다. 하지만 우선순위에 맞게 돈을 쓰려면 자신이 돈을 어디에 쓰는지 주의 깊게 살펴봐야 한다. 그래서 이 책은 돈을 자동으로 관리할 수 있게 만들어 준다는 처음의 발상과는 달리, 돈에 관해서라면 아주 계획적인 사람이 되도록 요구한다. 시간과 노력이 들겠지만 이를 통해 자신이 이룰 수 있는 목표들을 생각한다면 전혀 아깝지 않을 것이다.

당신의 통장을 열어 보기에 앞서, 돈을 바라보는 완전히 새로운 사고방식에 관해 다음 장에서 살펴보자.

돈 걱정에서 자유로워지기

끊임없는 돈 걱정의 중심에는 두 가지 우울한 질문이 자리 잡고 있다. "여기에 돈을 써도 되나?" 그리고 "여기에 돈을 써야 하나?"

두 질문 모두 돈 문제를 제대로 판단하는 데는 전혀 도움이 되지 않는다. 그러니 이렇게 바꿔 질문하자.

"내 돈으로 날 위해 뭘 하고 싶은가?"

우선순위에 따라 돈에 대한 의사결정을 내리면 된다.

자신이 원하는 삶을 위해 자기 돈을 쓰는 비법이 와이냅의 네 가지 원칙이다. 기꺼이 가계부를 쓰기로 했다면 이 원칙들은 금방 머릿속에 새겨질 것이다.

- 원칙 1. 돈마다 역할을 맡겨라
- 원칙 2. 실질적인 비용을 받아들여라
- 원칙 3. 유연하게 대처해라
- 원칙 4. 돈을 묵혀라

단단히 마음먹자. 책을 다 읽고 나면 예전처럼 돈을 바라보는 일은 절대 없을 것이다.

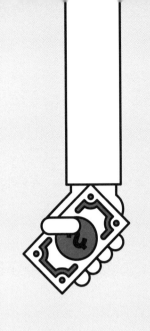

1장

돈이
술술 들어오는
마법의 주문

부자가 그 재산을 자랑하더라도
그 돈을 어떻게 쓰는지 알 때까지는 그를 칭찬하지 마라.

소크라테스

이 책의 독자라면 아마 이전에도 돈 관리를 위해 가계부를 써 본 적이 있을 것이다. 그 과정은 보통 이렇게 흘러간다.(참고로 나는 다음과 같은 순서로 가계부를 쓴다.)

엑셀을 열고 지출 항목을 기록할 열을 쭉 생성한다. 지출 내역을 나열할 때 딱히 기준은 없다. 집세, 대출 이자, 차량 유지비, 공과금 등 타협할 수 없는 항목도 보이지만 비용이 크든 작든 기타 항목들도 사이사이 들어가 있다. 책임감 있는 어른이라면 돈을 모을 줄도 알아야 된다고 하니 저축 관련 항목도 집어넣고 여행 자금까지 계획해 본다.

이렇듯 지출 목록을 '아름답게' 정리하고 나면, 항목마다 돈을

'쓸 것 같은' 혹은 '써야 할 것 같은' 금액을 적는다. 타협이 불가능한 항목들은 보통 비슷한 금액이 매번 반복되니 적기 쉽다. 특히 공과금이나 각종 청구서 같은 경우에도 꽤 정확한 액수를 예측할 수 있다. 그 외 항목들에는 적당히 여유 있게 금액을 책정한다. 예산을 짜는 것이지 무제한 위시리스트를 짜는 건 아니니 말이다.

작성을 마치고는 결과물을 흡족하게 바라본다. 완벽하지는 않지만 여태껏 만든 가계부 중 제일 낫다고 생각한다. 그래서 매달 그대로 실천하겠다는 계획도 세운다. 들어올 돈을 어디에 써야 할지 확실히 알고 있으니 마음이 다 편안하다.

매번 돈 관리에 실패하는 이유

●

하지만 곧 무슨 일이 일어나던가? 얼마 안 가 당신은 돈 관리도 가계부 쓰기도 그만두고 말았을 것이다. 나의 친구 니키와 애런도 자신들의 가계부를 마음에 들어 했지만 실제 지출이 가계부에 적힌 숫자와 전혀 다르다는 걸 깨닫고는 한 달도 못 가 포기했다. 그들은 이상과 현실의 차이 때문에 힘이 빠져 삶이 좀 더 순탄해지면 다시 가계부를 쓰겠다고 마음먹었다(하지만 그런 일은 절대 없었다).

서머라는 나의 이웃도 가계부를 쓸 때는 낙관적으로 이것저것 써넣었으나 모든 항목을 충족할 돈은 절대 생기지 않는다는 사실을 알아차리곤 가계부를 치워 버렸다. 현실을 마주한 이후로 그녀는 가계부가 이혼한 남편의 어머니라도 되는 것처럼 극구 피하려고 했다. 가계부가 쓸모없다고, 혹은 자신은 돈 관리에 소질이 없다고 생각하면서 포기해 버린 것이다.

당신은 어떤가? 혹시 정곡을 찔린 것 같은가? 하지만 걱정할 필요는 없다. 문제는 당신이 아니라 '시스템'에 있기 때문이다.

기존의 가계부 쓰기를 통한 돈 관리가 실패하는 데에는 몇 가지 이유가 있다. 일단, '우선순위'를 매길 여지가 없다. 예산을 두고 모든 항목이 똑같이 경쟁하는데 어떤 항목에 돈을 우선 배정할지 결정할 체계가 존재하지 않는다. 중요한 항목을 빠뜨리지 않았는지 확인할 시스템도 없다. 최우선순위에는 아마도 각종 청구서 대금 지불이나 생필품 구입을 뒀을 것이다. 하지만 돈이 충분하지 않다면 그다음 순위는 어떻게 결정할 것인가? 학자금 대출 잔액, 아니면 여행 자금? 자녀의 교육, 아니면 여름 캠프 비용? 공황 상태에 빠지기 딱 좋다.

유연성이 전혀 없다는 점도 문제다. 현실이 자기 예측과 일치하지 않는 순간 예산 계획은 자연스레 실패로 끝나고 스트레스를 받는다. 누가 그런 스트레스를 받고 싶겠는가.

또 하나 큰 문제는 우리가 여태껏 한 행위가 '예산'이 아니라 '예측'이었다는 사실이다. 예측이란 미래를 들여다보면서 다가올 수입과 지출을 '계산'하는 것이 아니라 '짐작'하는 행위이다. 어떤 삶을 살고 싶은지, 어떤 사람이 되고 싶은지 상상하면서도 그 방법은 고민할 필요가 없으니 재밌을 수는 있다. 미래의 돈을 가지고 여행 자금에 300달러, 식품에 500달러나 투자하는 건 어렵지 않다. 그러나 지켜질 리 없으며 반대 상황도 마찬가지다. 한 달 식비로 50달러만 쓰겠다고 다짐할 수야 있지만 실현될 리는 없고, 결국 생필품 구입에 돈을 더 쓴 뒤 죄책감을 느껴야 한다.

우선순위에 따라 돈을 나눠라

●

예측과 예산의 차이는 꿈과 실천의 차이와 굉장히 비슷하다. 자신이 원하는 삶을 예측하고 꿈꾸는 건 즐거운 일이다. 하지만 그보다는 지금 당장 가지고 있는 돈을 바탕으로 우선순위에 따라 지출 계획을 세우는 게 낫지 않을까? 그게 바로 와이냅의 핵심이다.

지금 가진 돈을 우선순위에 따라 나누는 방식으로 돈을 관리한다면 인생은 완전히 달라진다. 더 이상 막연한 추측과 기대로 인생을 예측하지 않게 된다. 계획적으로 돈을 다루기 시작하게 된다. 손에 쥐고 있는 돈을 어떻게 사용할지 우선순위에 따라 결정한다. 들어오지도 않은 돈으로 뭘 할 것인지 신경 쓰지 않는다.

그렇다고 해서 미래를 생각하지 말라는 게 아니다. 결국 예산 계획도 앞을 내다보는 일이다. 다만 '미래의 돈'을 섣불리 예측하지는 말라. 그 돈이 통장에 들어온다면 좋은 일이겠지만 당장은 지금 갖고 있는 돈만으로 목표에 다가가자.

이는 굉장한 변화를 불러온다. 더 나은 삶을 '바라는 것'에서 실제로 '이루는 것'만큼 매우 큰 변화다. 우선순위가 이끄는 대로 따라가는 순간, 온갖 돈 걱정이 순식간에 사라질 것이다. 삶에 드리운 안개가 걷히고 자신이 어디로 나아가고 있는지 또렷이 보일 것이다.

우리 부부가 가계부를 쓰기 시작했을 때 딱 그랬다. 외벌이로 아이들까지 키우는 게 과연 가능할까 걱정만 하던 우리는 그 바람이 어떤 식으로 이뤄질지 정확히 파악하는 단계까지 나아갔다. 쥐꼬리만 한 수입에 비해 목표가 매우 높았기 때문에 특히 지출을 크게 줄여야 했다. 우리가 짠 예산안은 아주 간단해서 아직도 그대로 기억이 난다. 당시 우리의 수입은 둘이 합해 한 달에 1,900달러 정도였고, 그 돈을 우선순위에 있는 항목들에 배분했다.

우리 부부의 가계부

- 350달러   집세(관리비에 전화 요금까지 포함)
- 120달러   식품비
- 15달러   자동차세
- 75달러   주유비
- 10달러   유흥비(각자 5달러씩)
- 25달러   외식비

- 125달러　　학교 교재비
- 130달러　　건강보험료
- 25달러　　헤어 용품 및 세면도구
- 120달러　　새 차 구입을 위한 저축
- 45달러　　크리스마스 준비
- 550달러　저축(출산 후 아내가 전업주부로 일하고 내가 학교를 마칠 수 있도록)

다른 사람이 짠 예산안은 이와 많이 다를 수 있다. 하지만 적용되는 원칙은 똑같다. 지금 가지고 있는 돈으로 나를 위해 뭘 하고 싶은지 결정하는 것. 이게 바로 와이냅의 첫 번째 원칙, '돈마다 역할을 맡겨라'이다.(다음 달 월급 등 아직 들어오지도 않은 돈을 벌써부터 생각하고 있다면, 기억하라. 진정한 변화는 지금 당장 내가 갖고 있는 돈에만 집중하는 데에서 시작된다.)

지금 통장에 400달러가 있다고 해 보자. 다음 달 수입이 들어올 때까지 휴대전화 요금이 50달러, 케이블방송 요금이 100달러 정도 나올 것이므로 그만큼의 금액을 떼어 놓는다. 막 사귀기 시작한 에블린에게 저녁을 만들어 주기로 했는데 냉장고에는 계란 여섯 개, 우유 한 통, 코코넛 하나가 전부다. 그래서 저녁거리와 꽃 한 다발을 사는 데에 100달러를 잡는다. 내일 동생 생일을 기념할 겸 밤에 모이기로 했는데 다행히 아직 150달러 남았다. 잔고 사정이 적당하니 이 정도 계획이면 괜찮겠지 싶다.

'아, 그런데 냉장고에 계란 여섯 개, 우유 한 통, 코코넛 하나밖에 없었지. 내가 먹을 음식도 좀 사야겠다.'

남은 돈을 식품비 100달러, 내일 외식비 50달러로 빼고 나니 카드 빚을 갚겠다는 목표에 쓸 돈이 하나도 없다. 카드 청구서가 다음 주에 나올 테니 이번 달 부채 상환 목표를 달성하려면 통장에 있는 400달러에서 돈을 어느 정도 빼놨어야 한다.

갑자기 돈이 부족하다는 느낌이 들 것이다. 하지만 그렇다고 걱정하거나 예산 계획을 세우는 일을 그만둘 필요는 없다. 사실 결핍감은 좋은 징조다. '한정된 자원'이라는 돈의 실체를 깨닫고 있다는 뜻이니 말이다. 이는 앞서 언급한 '사고방식의 전환' 가운데서도 큰 부분이다. 돈을 얼마나 갖고 있는지는 중요하지 않다. 결핍감은 단지 지금보다 돈이 더 많았으면 좋겠다는 느낌이기 때문이다.

이런 감정이 생길 때가 놓치지 말아야 할 중요한 순간이다. 그만두고 싶은 마음이 들더라도 한발 물러나 결핍감을 받아들이면 올바른 판단을 내릴 수 있다. 자신이 가진 돈이 한정적이라는 사실을 인정하면 훨씬 계획적인 소비를 할 수 있다. 결핍감을 받아들이면 우선순위를 구체적으로 따져 보고 자신이 가장 중요하게 여기는 게 무엇인지 명확히 파악하게 된다. 돈을 바라보는 시각이 크게 발전하는 것이다.

예산을 초과하지 않는 가계부를 만들어라

●

　다시 하던 얘기로 돌아가 보자. 문제는 이렇다. 400달러를 두고 경쟁하는 항목들이 죄다 우선순위에 있는 것 같다. 에블린에게 요리 실력을 뽐내고 싶은 이유는 애초에 서로 가까워진 이유가 좋아하는 요리 프로그램 덕분이었기 때문이다. 그러니 절대 저녁 약속을 취소할 수는 없다. 가족과 시간을 보내는 일도 최우선순위에 있으므로 동생의 생일 모임을 놓치고 싶지는 않다. 다음 달까지 내내 굶을 수도 없다. 게다가 결혼 전까지 빚을 꼭 정리하겠다고 작년에 다짐했으니 신용카드를 쓸 수도 없다(그러나 여자친구도 없고 에블린 같은 여자는 너무나 이상형이다. 이번 기회를 망쳐서는 안 된다). 어떻게 해야 할까?

　돈은 한정되어 있다. 하지만 철저히 계획적으로 소비한다면 400달러만으로도 최우선 항목들을 전부 챙길 수 있다. 우선 에블린과 먹을 저녁 메뉴는 서프앤드터프Surf & Turf(고기 요리와 해산물 요리가 나오는 메인 코스 - 옮긴이) 대신 통닭구이로 바꾸고 식품은 특가품으로만 골라서 산다. 또 동생 생일에 돈을 얼마나 쓸지 집을 나서기 전에 미리 정한다. 그보다 더 쓰면 카드 빚을 없애겠다는 중대한 목표를 놓칠 테니 정해 놓은 예산을 기꺼이 따른다. 계획을 수정한 덕분에 빚을 갚는 데 매달 필요한 150달러를 마련하게 됐다. 성공이다. 한눈에 볼 수 있게 요약해 보자.

예산 관리 A (400달러, 1차 시도)		예산 관리 B (400달러, 2차 시도)	
• 50달러	휴대전화 요금	• 50달러	휴대전화 요금
• 100달러	케이블 TV요금	• 100달러	케이블 TV요금
• 100달러	저녁 약속	• 35달러	저녁 약속
• 100달러	식품비	• 35달러	식품비
• 50달러	외식비	• 30달러	외식비
		• 150달러	부채 상환

가계부를 쓰지 않았더라면 통장에 는 400달러를 보며 으레 다음 월급이나 기다려야겠다고 생각했을 것이다. 그리고 이 400달러는 아무 생각 없이 낭비했을 것이다. 생일 파티에 늦어 택시를 타느라 2주 치 점심값을 날린 줄도 몰랐을 것이고, 에블린에게 잘 보이려 숙성된 스테이크를 사느라 빚을 갚겠다는 목표에서 멀어진 줄도 몰랐을 것이다. 하지만 계획적으로 지출하자 아무런 재정적 영향 없이 우선순위를 모두 지킬 수 있었다.

이제 당신이 가진 돈으로 실제로 결정을 해 보자. 그 순간 우선순위가 빛을 발할 것이다.

예산과 예측의 차이

이제 막 가계부를 쓰기 시작한 사람이라면 예산과 예측의 경계가 모호하게 느껴질 수 있다. 만약 2주 뒤에 집세를 내야 하는데 그 전에 들어올 월급으로 해결할 수 있다면, 어쨌든 미래의 돈이니 이는 예측을 하는 것일까? 그렇지 않다. 돈이 실제로 들어온 뒤에 집세 예산을 계획하면 된다.

이번 달 예산을 짜는 데 돈이 충분하지 않다면 일단 '중요도'에 따라, 그다음으로 '순서'에 따라 예산을 계획하자. 예를 들어 200달러를 가지고 있고 2주 뒤 집세를 내야 하더라도, 당장 먹을 음식이 없다면 일단은 식품비를 가계부에 적자. 다음 월급이 들어오는 대로 당장 급한 집세나 다른 필수 지출 항목을 충당하는 데 쓰자. 너무 빠듯해서 불안하다면 창의력을 발휘해야 한다. 돈이 더 필요하다는 뜻이니 소비를 줄이고 물건을 팔거나 수입을 늘리는 것이다. 그렇게 해야 돈에 대한 주도권을 잡을 수 있다.

당장은 이래도, 와이냅의 최종 목표는 월급이 들어오는 족족 그 달 청구서로 빠져나가는 상황을 탈출하는 것이다. 설마 싶겠지만 진짜로 가능하다. 자신이 중요하게 여기는 우선순위를 계속 생각하면서 책을 끝까지 읽어 보자.

소망은 일기장이 아닌 가계부에 써라

●

다시 말하지만, 미래를 생각한다는 것이 잘못된 일은 아니다. 와이냅의 두 번째 원칙 '실질적인 비용을 받아들여라' 역시 결국 미래의 지출을 예측하라는 뜻이며, 이는 소득이 불규칙한 사람에게 특히 중요하다.

단, 예산과 예측을 혼동하지는 말자. 예산은 현실에 기반을 둔 계획인 반면 예측은 '만약'이나 '혹시'라는 가정하에 기반을 둔 추측일 뿐이다. 예측을 하다 보면 가지고 있지도 않은 돈으로 '예산'을 짜게 되며 몇 달 후 돈이 얼마나 나갈지 정확히 알고 있다고 착각하게 된다. 하지만 예상대로 흘러가는 법이 없다는 걸 우리는 이미 알고 있고, 상상으로 계산기를 두드려 봐야 딱히 기분이 나아지지도 않는다. 반면 예산을 짜다 보면 지금 갖고 있는 돈을 우선순위에 따라 나누게 되며 이는 100퍼센트 현실에 기반을 두고 있으므로 확신이 넘친다.

겁먹지 말자. 현실에 기반을 두라는 말이 자신의 처지를 알고 절제하라는 빤한 이야기가 아니다. 오히려 그 반대다. 가계부를 작성하다 보면 돈이 실제로 어디에 쓰이고 있는지 파악하게 되어 자신이 원하는 곳이 아닌 경우 방향을 조정할 수 있다. 파리에 가고 싶으면 파리에 가고, 해변을 낀 집을 사고 싶으면 사면 된다. 그 대신, 이를 빠르게 실현할 수 있도록 꿈을 실제로 예산 계획에 포함시키자. 돈이 어디선가 생기기를 막연히 바라기만 하면서 돈과 시간을 허비하지는 말자.

필과 알렉시스 부부는 2015년 1월에 가계부를 쓰기 시작한 뒤로 '언젠가 이뤄질지도 모르는 꿈'을 현실로 만들었다.(개인적으로

이들의 일화를 매우 좋아하는데, 가계부가 현재를 살아가는 것은 물론 확신을 갖고 미래를 바라보는 데에도 유용하다는 사실이 증명되어서다.) 세 살배기 아들 잭과 더 많은 시간을 함께하고 싶었던 아내 알렉시스는 그해 봄 직장을 관두고 프리랜서 웹 디자이너로 일하려 했다.

직장을 관두기 전, 우선 그녀는 2년간 모은 '프리랜서 자금' 2만 달러로 보스턴 교외에 살면서 얼마나 버틸 수 있을지 알고 싶었다. 광고회사 디자이너인 남편 필의 월급만을 믿을 수 없었기에 저축액만으로 모든 지출을 부담할 계획이었다. 게다가 알렉시스가 직장을 나왔는데 필이 정리 해고라도 당하면 소득이 뚝 끊길 테니까.

이때까지만 해도 두 사람은 가계부를 만들어 본 적이 없었다. 그러나 2년간 프리랜서 자금을 저축하면서 자신들의 소비 패턴이 어떤지는 잘 파악하고 있었다. 그 정보를 토대로 고정적으로 나가는 필수 지출금을 가계부에 써넣었고, 데이트 비용, 여행 자금, 아이의 학원비, 소소한 여유를 즐기기 위한 비용 등 부부에게 소중한 항목들도 포함시켰다. 새롭게 고려해야 할 지출도 있었다. 아들의 유치원 등록금도 준비해야 했고, 집에 딸려 있던 보일러가 수명을 다해 새로 설치한 보일러 할부금도 매달 비용이 나왔다.

2만 달러로는 3개월 치 생활밖에 안 된다는 계산이 나오자 간담이 서늘해졌다. 어떻게든 6개월은 버틸 수 있다는 확신을 얻어서 마음이 편안해졌으면 했다. 그러면 그동안 알렉시스가 고객층을 충분히 확보하고, 필의 월급으로 몇 달 치 생활 자금을 더 마련할 수 있을 테니 말이다.

변화가 필요하다는 걸 직감한 두 사람은 알렉시스가 프리랜서로 일할 수 있도록 기꺼이 생활을 조정했다. 부모 중 한쪽은 직장에 얽매이지 않는 게 우선순위 중 하나였기 때문이다. 그래서 아이를 유치원에 바래다주고 제 시간에 데려올 수 있기를 바랐고, 특히 알렉시스는 사무실에 갇혀 있기보다는 아들과 더 많은 시간을 보내고 싶었다. 여태까지는 감사히도 알렉시스의 부모님이 아무런 대가 없이 손주 잭을 종일 돌봐주었다. 하지만 유치원 등록금은 꽤 비쌌고, 알렉시스의 고정 수입이 끊기는 순간 예산 계획은 흔들릴 것이었다. 그런데도 알렉시스를 프리랜서로 만들고자 하는 부부의 결심은 확고했다.

그래서 필과 알렉시스는 가계부를 다시 살펴보며 우선순위를 현실적으로 평가했고, 결과적으로 몇 분 만에 월 예상 지출을 870달러나 줄일 수 있었다. 우선 외식비에서 250달러, 베이비시터 비용에서 150달러를 줄였다. 매주 한 번씩 하는 야간 데이트를 아예 포기하지는 않았지만 네 번 중 두 번은 집에서 잭을 재운 뒤 특별한 요리를 해 먹기로 했다. 케이블 채널은 거의 보지 않았기 때문에 150달러 요금제를 기꺼이 80달러짜리로 바꿨다(70달러를 아낀 것이다). 잭이 대학에 들어갈 때를 대비해 매달 400달러씩 저축해 온 건 잘한 일이었지만, 경제적으로 자리 잡을 때까지는 잠시 보류하기로 결정했다.

지출을 줄인 다음에는 지하실 보수 비용을 모으기 위해 150달러 지출을 '추가'하기도 했다. 얼마 전 폭우가 쏟아질 때 건물 바닥 틈으로 물이 새는 걸 확인했는데, 내년 안에는 보수 작업을 끝내야 한다고 들었기 때문이다. 다음 번 폭우 때 당장 수리해야 하는 상황이 닥친다면 생각만 해도 끔찍했다. 하필 이 타이밍에 지출을 더하고 싶진 않았지만 갑작스레 큰돈을 긁어모아야 하는 게 더 싫었다. 여러 번 나눠서 저축하는 편이 훨씬 마음이 놓였다.

2만 달러로 만 6개월을 버티기 위해서는 여전히 해결해야 할 일들이 있었지만 전망은 점점 밝아졌다. 목표에 다다를 수 있는 길이 보였다.

이들의 행동이 '예측'과 대체 무엇이 다른가 의심할 수 있겠지만, 핵심적인 차이가 있다. 필과 알렉시스 부부는 오직 자신들이 보유한 2만 달러로만 계획을 세웠다. 실체도 없는 숫자를 가지고 시간을 때운 게 아니라, 은행 계좌에 있는 진짜 현금을 가지고 우선순위에 따라 구체적인 계획을 짠 것이다.

자신들이 원하는 삶을 살기 위해 돈을 어디에 써야 하는지 인식하자 변화를 받아들이기는 생각보다 쉬워졌다. 6개월 치 식품비가 충분하다는 사실을 깨닫자 쓸데없이 많은 외식을 줄일 수 있었다. MTV 여섯 채널을 볼 돈으로 담보대출금을 갚는 편이 훨씬 기분이 좋았다.

가계부 덕분에 두 사람은 우선순위에 정확히 집중할 수 있었고,

이제 그 우선순위가 지출 하나하나를 결정하게 되었다. 돈에 휘둘리지 않고 주체적으로 돈의 흐름을 보고 결정할 수 있게 된 것이다.

죄책감 없이 돈을 쓰고 싶은가?

내 돈으로 '뭐든 하고 싶은 대로' 한다는 것이 찜찜하게 느껴지는 사람도 있을 것이다. 자신이 돈을 쓰기로 선택한 우선순위가 최선이 아닐지도 모른다는 걱정이 들면 죄책감이 엄습한다.

꿈에 그리던 벽난로를 사거나 디즈니랜드에 가려고 목돈을 쌓던 중 '현명한' 사람은 그 돈을 주식에 투자할 것 같다는 생각이 든다면, 어떻게 내가 옳다고 확신할 수 있을까? 사소한 결정도 예외는 아니다. 매달 페디큐어를 받거나 친구들과 점심을 사 먹는 것은 옳은 판단일까?

결국은 상황에 따라 다른데, 죄책감이 드는 원인은 대개 두 가지다.

- 더 중요한 우선순위를 놓치고 있음을 직감적으로 알고 있다
- 타인이 나에게 거는 기대에 따라 선택한다

이 순간 예산 계획과 자아 성찰의 경계는 모호해진다. 가계부를 쓰는 과정은 궁극적으로는 곧 자신을 돌아보는 과정이다. 따라서 이책의 다음 장에서도 우리는 자신의 우선순위를 파악하는 법에 집중할 것이다. '나'에게 정말로 중요한 게 무엇인지 깊이 이해하지 않

으면 돈에 관해 어떤 결정을 내리든 확신이 생기지 않는다.

자책하지 않으면서도 스스로를 행복하게 만드는 일을 하기 위해서는 노력이 필요하다. 일단 노력할 용기를 내고 나면, 다시는 예전으로 돌아가고 싶지 않을 것이다.

원하는 삶을 살 때 생기는 변화

●

와이냅의 네 가지 원칙을 따르기 시작하면 재밌는 일이 벌어진다. 갖고 있는 돈 하나하나가 인생을 원하는 방향으로 이끄는 힘의 근원이 되는 것이다. 돈을, 더 나아가 삶을 완전히 통제하고 조절하고 있다는 느낌이 든다.

커피 한 잔은 더 이상 단순한 커피 한 잔을 의미하지 않는다. '경제적 자유'를 상징한다. 예를 들어, 당신이 예산 범위 안에서 커피를 샀다면 그 커피는 '내가 사고 싶어서', 그리고 '내가 살 수 있어서' 죄책감 없이 구매를 결정한 품목이다. 반면 저축하기로(엄밀히는 구매하지 않고 참기로) 결정한 경우에도 단지 요즘 커피가 너무 비싸서가 아니라 그렇게 하는 게 옳다는 확신이 있어서다. 역시 죄책감이 들지 않는다.

"이 돈으로 날 위해 무엇을 할까?"라고 고민할 때 우리는 자신이 원하는 삶에 가까워지기 위해 돈을 어떻게 쓸지 결정하게 된다. 만약 밖에서 커피를 사 마시는 게 자신의 일상에서 놓칠 수 없는 기쁨이라면, '커피' 항목을 가계부에 포함시킨 뒤 당당히 커피를 사 마시자. 자신이 원하는 삶에 다가가는 데 그 커피가 정말로 도움이 되는지만 확실히 하면 된다. 직장 동료들과 잠깐씩 친목을 다지는 게 중요하다고 생각한다면 커피가 도움이 될 수 있다. 정신없는 일상에서 빠져나와 15분쯤 여유 시간을 갖는 게 의미 있다고 여기는 경우에도 마찬가지다.

목표가 확실히 정해지면 돈을 쓸 때마다 그 목표가 든든한 받침대 역할을 한다. 만일 비상금이 2만 달러 정노 있으면 마음이 편할 것 같다고 판단해 매달 1,000달러씩 저축하기로 마음먹었다면, 목표 달성을 위해 기꺼이 소비 습관을 조정하고자 할 것이다. 이때 커피를 끊는 것이 한 가지 절약 방법이 될 순 있지만 커피를 진심으로 좋아한다면 꼭 그럴 필요도 없다.

물론 이 예산 계획은 커피로 카페인을 보충하는 수준의 돈을 훨씬 넘어서는 일이다. 그러나 계획을 세운다면 돈(혹은 돈이 없다는 사실)이 나를 지배하기 전에 내가 돈을 지배할 수 있다. 그렇게 할 때 '실질적인 비용을 받아들여라'는 두 번째 원칙을 지킬 원동력이 생긴다. 이따금 지출해야 하는 큰 비용을 세부적으로 나눠서 정기적인 지출 비용으로 바꿔 두면, 생각지도 못한 청구서에 "이 돈을 어떻게 내란 거야!" 하는 일이 없어진다. 똑같은 청구서이지만 당황하지 않게 된다.

앞의 사례에서 알렉시스가 사무실을 벗어난 삶을 시작할 수 있었던 것도 필과 함께 짠 가계부 덕분이었다. 둘은 이전의 소비 습관을 조정해 통장에 있는 돈을 늘 계획적으로 쓰려고(혹은 쓰지 않으려고) 했고, 그래서 똑같은 자금을 가지고도 몇 달 더 버틸 수 있었다. 또 알렉시스는 어떻게 먹고살지 고민하지 않아도 되었으니 고객 확보에 집중할 정신적 여유도 얻었다. 결과적으로 프리랜서 자금에 그리 오래 의지할 필요가 없어진 셈이다.

가계부를 쓰지 않으면, 청구서가 나왔을 때나 구매 욕구가 생겼을 때 생각 없이 돈을 쓰고도 그저 잔고가 있길 바라게 된다. 반대로, 가계부를 쓰면 돈이 나가기 전에 미리 지출 계획을 갖추게 된다. 심지어 '계획에 없던 일'을 재미로 계획할 수도 있다.

예를 들어, 충동구매가 나쁘다곤 하지만 꼭 그렇게 생각할 필요는 없다. 떨이로 나온 상품을 싸게 사는 건 때로는 큰 기쁨이니 말이다. 흔히 가계부를 쓰기 시작하면 왠지 점심시간에 잠깐 나와 세일 상품을 뒤지던 습관도 포기해야 할 것 같다고 오해한다. 하지만 필수 예산을 모두 계획하고도 돈이 남았다면 충동구매를 위한 지출도 매달 조금은 예산에 포함시킬 수 있지 않을까? 애초에 쇼핑에 쓰기로 계획한 돈이니 죄책감도 사라질 것이다. 그러라고 떼어 놓은 돈이지 않은가! '충동구매' 항목에 예산이 비어 있는 달에는 자신이 의도적으로 그보다 더 중요한 우선순위에 돈을 배정했다는 사실을 이해할 것이다. 돈을 상대로 주도권을 잡은 것이다.

내 돈을 나를 위해 어떻게 쓰고 싶은지 결정하고 나면, 더 이상 "여기에 돈을 써도 되나?" 하고 고민할 필요가 없다. 물론 이는 좋은 질문이다. 무언가를 사기 전에는 그럴 돈이 있는지 확실히 해야 하니까.

하지만 더 중요한 질문은 "여기에 돈을 쓰면 내 목표에 더 가까워질까?" 하는 것이다. 이 질문을 판단 기준으로 삼을 때, 당신이 가진 돈은 훨씬 더 강력한 힘을 발휘한다.

경제적 자유란?

●

와이냅식 사고방식에는 여러 혜택이 따른다. 가계부를 쓰고 목표를 이룰 때의 흥분은 쉽게 가라앉지 않는다. 내 돈을 어떻게 쓸지 계획하고 그대로 따를 때마다, 그리고 예상 못 하던 비용을 예상 가능한 비용으로 바꿀 때마다 짜릿해진다. 그동안 돈 때문에 얼마나 스트레스를 받았는지를 스트레스에서 벗어난 뒤에야 깨닫게 된다.

걱정이 줄어들면서 그 자리에는 '평안'이라는 훨씬 좋은 느낌이 채워진다. 돈이 늘 준비되어 있는 덕분에 청구서가 나오자마자 요금을 지불할 수 있다면 과연 어떨까?(내 경우에는 집에 왔는데 바로 처리할 수 있는 청구서가 쌓여 있으면 약간의 스릴이 느껴질 정도다.) 죄책감 없이 쇼핑하고, 힘들이지 않고 저축하며 자신이 바라는 대로 살겠다고 마음먹을 수 있다면 또 어떨까? 말도 안 된다고 생각했던 꿈이라 해도, 실현할 방법을 찾으면 얼마든지 말이 된다.

그것이 바로 '경제적 자유'다. 즉 돈이 엄청나게 많지 않더라도 돈 걱정 없이 살 수 있는 길이다. 스크루지 영감처럼 돈더미를 쌓아 놓고 헤엄칠 정도가 되어야 경제적 자유를 누릴 수 있는 것이 아니다(물론 그게 목표라면 말리지 않겠다). 그저 내가 원하는 그대로 돈을 쓸 수 있도록 계획을 세우면 된다.

돈을 바라보는 새로운 태도

. . . .

지금까지 돈을 바라보던 관점을 바꾸었을 때 번번이 실패하던 돈 관리를 성공할 수 있다.

● **지금 내가 갖고 있는 돈에 집중하라**

: '나중'에 들어올 돈은 계산할 필요가 없다. 그 돈은 없는 셈치고 잊어버려라. 지금 가지고 있는 돈으로만 미래를 계획하라.

● **"이 돈으로 날 위해 무엇을 할까"라고 되뇌어라**

: 돈은 언제나 모자라며 한정적이다. 하지만 원하는 삶에 다가가기 위해 무작정 돈을 아끼기보다는 나를 위해 더욱 효과적으로 쓸 수 있는 방법을 고민해야 한다. 내가 원하는 목표를 분명히 정하고 그 목표를 위해 소비 습관을 조정하라.

● **이제 돈 걱정에서 벗어나라**

: 돈이 많지 않아도 경제적 자유를 누릴 수 있다. 체계적인 예산 관리로 돈을 어떻게 쓸지 계획하고 이룰 때의 기쁨, 신용카드 값, 공과금을 쫓기듯이 내지 않고 미리 마련했을 때의 기쁨을 누려라!

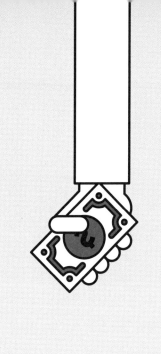

2장

첫 번째 원칙,

돈마다
역할을 맡겨라

돈을 두 배로 불리는 가장 안전한 방법은
돈을 반으로 접어 주머니에 넣는 것이다.

킨 허바드

돈을 불리는 첫 번째 원칙은 꽤 단순하다. 통장 잔고를 확인한 뒤 가지고 있는 돈 하나하나에 할 일을 맡기면 된다. 이때부터 본격적으로 예산 계획이 시작되며, 매번 역할을 정할 때마다 "내 돈으로 날 위해 뭘 하면 좋을까?"라는 질문에 답을 찾게 된다.

하지만 돈에 일을 맡기려면 맡길 일이 무엇이 있는지 먼저 판단해야 한다. 말 그대로 '해야 할 일 리스트To-do List'를 작성해 줘야 한다. 돈을 주도적으로 다뤄 본 적이 없는 사람이라면 이를 통해 돈을 바라보는 관점이 뒤바뀌는 경험을 하게 될 것이다.

가장 먼저, 먹고사는 데 직결되는 문제부터 고려하자. 앞에서 나는 돈을 어디에 쓰라는 식으로 조언하지 않겠다고 밝혔지만, 여기서만은 약속을 깨야 할 것 같다. 만약 당신의 최우선순위 가운데 기초 복지와 관련된 지출이 포함되어 있지 않다면 계획을 수정하라. 사회 구성원으로 살아가기 위한 기본 요건을 자신이 어느 정도로 갖추고 있는지도 모른 채 세우는 계획은 망상에 불과하다.

돈에 역할을 맡겨야 하는 이유

돈이 반드시 나갈 수밖에 없는 항목을 모두 기록하자. 기본적인 생활을 유지하기 위해서는 의무적으로 돈을 지출해야 하는 항목들에 집중해야 한다. 식비, 집세, 대출금, 학비라든가 일을 할 때 들 수밖에 없는 비용(직장에 다닐 경우에는 교통비, 집에서 일할 경우에는 인터넷 요금 등)을 떠올릴 수 있다. 와이냅 이용자인 리아와 애덤은 자신들의 필수 지출 항목을 다음과 같이 정리했다.

리아와 애덤의 필수 지출 항목

- 집세
- 가스 요금
- 전기 요금
- 인터넷 요금
- 전화 요금

- 식품 및 생필품 비용
- 자동차 할부금
- 주유비
- 자동차 유지비
- 자동차 보험료

- 생명보험료
- 학자금 대출금
- 결혼식 관련 부채

그러나 첫 번째 원칙은 다분히 주관적이다. 필수 지출 항목을 우선적으로 고려하라고 했지만 무엇이 필수인지조차 사람마다 크게 다르다. 어쩌면 당신은 대출금을 다 갚았고 직장까지 걸어 다닐지도 모른다. 따라서 당신이 정리한 필수 지출 항목은 리아와 애덤과는 전혀 다를 것이다.

목록을 완성했다면, 이제 돈에 역할을 나누어 줄 시간이다. 당신의 통장 잔고가 얼마이든 지금 당장 시작하길 바란다. 이렇게 질문해 보자. "돈이 또 들어올 때까지 지금 가지고 있는 돈에는 어떤 일을 맡겨야 하지?", "혹시 이번 주에 내야 할 월세나 대출금은 없는가?", "카드 대금이나 수업료는?"

다시 말하는데, 필수 지출 항목부터 가계부에 포함시킨 후에 다른 항목을 고려하자. 특히 가계부를 처음 작성하는 사람은 다른 지출은 생각도 말길 바란다. 냉장고가 텅텅 비거나 길바닥에 나앉거나 빚쟁이를 만나는 일이 없도록 돈을 일단 충분히 떼어 놓아야 한다. 필수 지출 항목을 다 해결했다는 확신이 들어야 다른 계획을 세우는 과정이 훨씬 더 즐거워진다.

필수 지출 항목에 예산을 배정하고 나면 나머지 우선순위들을 고려할 차례다. 이때부터 예산 계획이 재밌어진다. 매달 청구서 대금을 간신히 지불하던 수준에서 자신이 원하는 삶을 설계하는 수준으로 뛰어오른다. 분명한 계획이 있을 때만 소비하고 저축하므로 자신에게 가장 소중한 것들이 우선순위에서 밀려나지 않게 된다.

모든 항목을 의심하라

●

'필수 지출 항목'이라고 해도 비용을 조정하는 게 생각만큼 어렵진 않다. 청구받는 대로 내야 하는 빚이나 대출이자 같은 항목을 제외한다면, 자신이 원하는 삶을 중심으로 해서 창의적으로 지출을 계획할 여유는 얼마든지 존재한다.

우선, 가슴에 손을 얹고 생각하며 '의무'적으로 나가는 항목과 필수 지출 항목인 척 위장한 당신의 '습관'을 구분하자. 때때로 둘은 헷갈릴 수 있다. 그럴 경우, 의무와 달리 습관은 위급한 상황이 닥치면 포기할 수 있음을 기억하자. 점심을 밖에서 사 먹는가? 이에 대해서는 다른 대안을 찾을 수 있다. 하지만 월세나 주택 대출금은? 부모님 집에 얹혀사는 방법이 아니면 대안을 찾기가 쉽지 않다.

어떤 비용은 '원래 그 정도는 든다'고 생각하기 쉽다. 하지만 원래 그런 법은 거의 없다. 지출을 줄일 방법은 늘 존재한다. 이때 모든 전제를 의심하는 일은 예산을 계획하는 과정에 큰 도움이 될 수 있다. 몇 가지 변화로 어떻게 삶의 질이 높아질지 숙고해 보는 것도 좋다.

예를 들어, 자가용이 꼭 필요할까? 직장이 대중교통으로 다닐 위치가 아니라면 당장은 필요할 수 있다. 하지만 자전거를 타거나 걸어서 출퇴근할 수 있도록 직장 근처로 이사할 수는 없을까? 이참에 좀 더 작고 저렴한 집, 그만큼 냉난방비가 적게 드는 집으로 옮길 수는 없을까? 차를 두 대 갖고 있다면 그냥 한 대로 생활하는 건 어떨까? 너무 큰 변화라 말도 안 된다고 여길지도 모른다. 하지만 말이 될 수 있다. 그 가능성은 당신이 어떤 삶을 바람직하다고 생각하는지에 달려 있다.

줄리와 나도 여섯째 아이인 페이가 태어난 뒤 곧바로 더 작은 집으로 이사했다. 사람들을 집에 초대하는 걸 좋아하다 보니 처음 집을 장만할 때는 당연히 식당 공간이 큰 집을 얻어야겠다고 생각했다. 하지만 적어도 유타주에서 그런 집에는 꼭 여분의 침실에 거대한 거실까지 세트로 따라왔다. 유쾌한 이웃이나 편리한 교통 등 마음에 드는 점이 많았지만, 우리에게 그렇게나 큰 집은 필요하지 않았다.

이처럼 규모 면에서 타협을 한 뒤 새로 이사한 집에는 간과하기 쉽지만 아주 소중한 혜택들이 따라왔다. 교통이 덜 복잡했고 사생활이 지켜졌으며, 집 바깥으로는 골짜기가 장관을 이루었다. 비용을 줄이면서 삶의 질은 높였으니 우리 입장에서는 대성공이었다.

전제를 의심하라는 게 꼭 삶에 엄청난 변화를 주라는 뜻은 아니다. 사소한 노력으로도 일상을 무너뜨리지 않는 선에서 돈을 아낄 수 있다. 이를테면 휴대전화 자체는 업무 때문에 반드시 필요할 수 있다. 하지만 더 저렴한 요금제로 바꿀 수는 없을까? 집에서는 와이파이로만 사용한다면 가능할지도 모른다. 한편, 특정 요금을 다른 필수 지출 항목에 묶어 버리지 않도록 주의해야 한다. 넷플릭스Netflix나 훌루Hulu, 그 밖의 케이블 채널이 전부 다 필요할까? 그렇지는 않을 것이다. 그런데 이런 요금을 뭉뚱그려서 '텔레비전 요금' 항목에 모두 넣어 버리면 낭비로 이어진다.

필수라고 생각했던 지출이 사실 습관은 아니었는지 의심해 보자. 지출 내역을 냉정히 바라볼 필요가 있다. 물론 지금 쓰는 만큼 반드시 지출해야 한다는 결론이 나올 수도 있다. 하지만 생각보다 많은 비용을 조절할 수 있다는 사실에 놀랄 때가 더 많을 것이다.

이때 '스트레스'가 유용한 지표가 된다. 지출이 너무 많은 탓에 스트레스를 받고 있다면, 수입이 안정될 때까지 지출을 줄일 방법을 찾아야 한다. 그렇다고 지나치게 허리띠를 졸라매지는 말자. 박탈감이 느껴질 정도로 돈을 쓰지 않으면 그것도 스트레스다.

지출과 수입이 딱 맞는 균형점을 찾기 위해서는 시간이 필요하다. 때로 그 균형점조차 바뀔 수 있다. 따라서 늘 자신이 얼마나 지출에 스트레스를 받고 있는지 확인하고, 원하는 대로 돈이 나가고 있는지를 파악한 후에 상황에 맞게 행동하자.

두 번째 원칙 미리 보기

●

필수 지출 항목을 논하면서 '실질적인 비용을 받아들여라'는 두 번째 원칙을 빼놓을 순 없다. 자세한 내용은 3장에서 다룰 테니 일단은 매달 나오는 청구서나 생활비 말고도 필수로 내야 하는 비용이 존재한다는 사실만 기억하자.

특히 어떤 비용은 긴 간격을 두고 지출되므로 다른 우선순위에 예산을 배정하기 전에 돈을 어느 정도 묶어 둬야 한다. 예를 들어, 6개월마다 나오는 자동차 보험료나 3개월에 한 번 우편함에 꽂히는 수도 요금 청구서는 꼭 돈 관리가 잘되어 간다 싶을 때 갑자기 등장하기 때문이다.

두 번째 원칙을 적용한다면 그처럼 큰 비용이 나올 때를 대비해 비용을 월수로 나눠 매달 나오는 할부금처럼 바꿀 수 있다. 그러면 큰 비용도 그다지 부담스럽지 않으며 비용을 모른 체하고 그냥 지나가는 일도 없을 것이다.(사실 자동차 보험료를 언제까지 내야 하는지는 다들 알고 있다. 청구서가 코앞에 도착할 때까지 신경을 쓰지 않을 뿐. 게다가 하필 그때 꼭 돈이 부족하고 말이다.)

생활을 유지하는 데 필요한 비용을 빠짐없이 포함하려면 그런 큰 지출도 '실질적인 비용'으로 받아들여야 한다. 실질적인 비용을 정리할 때는 때마다 나오는 청구서뿐 아니라 자동차나 집 유지비, 병원비 같은 비용도 고려하자.

이런 불규칙한 비용들 때문에 어떤 사람들은 가계부가 쓸모없다고 생각한다. "언제 얼마가 나올지도 모르는데 무슨 수로 예산을 짜라는 거야?"

맞는 말이다. 정확한 날짜나 금액은 알 수 없다. 하지만 '청구된다'는 사실은 분명하다. 그것이 0달러 이상이라는 사실도 알고 있다. 따라서 갑자기 큰 비용이 청구되어도 곤란해지지 않도록 매달 0달러 이상은 저축하자. 그러면 네 살짜리 아들이 넘어져 입술이 찢어졌을 때 응급실에 데려가더라도, 단풍놀이를 가려고 떼어 놓은 금액에서 돈을 빼낼 필요가 없을 것이다. 혹은 나중에 해결하자며 일단 신용카드를 긁고 보는 상황도 겪지 않을 수 있다. 이는 매달 일정하게 나오는 비용이 아님에도 불구하고 병원비를 필수 지출 항목에 넣었기 때문이다.

우선순위에 다시 한 번 우선순위를 매겨라

●

필수 지출 비용을 처리하느라 늘 쩔쩔매던 사람이라면 이 단계까지 온 것만으로도 뿌듯한 기분일 것이다. 하지만 이제 시작이다. 필수 지출 항목을 가계부에 포함시켰다면 이제 당신만의 최우선순위를 고려할 차례다. 역시 "내 돈으로 날 위해 뭘 하고 싶지?"라고 물어볼 수 있다. 단지 지금부터는 먹고사는 문제에서 벗어나 자신이 원하는 삶을 계획하기 위해 목표를 설정하면 된다.

필수 지출 항목에 예산을 배정하고 남는 돈이 없다고 해도 걱정하지 말자. 오히려 여러 면에서 잘된 일이다. 우선, 당신의 통장이 원리를 알 수 없는 '블랙박스' 상태에서 벗어났다. 수입에 맞게 생활하고 있는지 알고 있으며 그에 맞춰 근거 있는 소비를 할 수 있다. "여기에 돈을 써도 되나?"라는 질문에도, 마음에 들지 않는 답이 나올지언정 답을 찾지 못해 혼란스럽지는 않다.

물론 아무런 생각 없이 마냥 신나던 때로 돌아가고 싶을 수도 있다. 하지만 참고 버텨 보자. 통장 속 돈의 흐름을 파악한 것만 해도 제대로 나아가고 있다는 뜻이다. 계속 가계부를 쓰다 보면 당신이 원하는 삶에 가까워질 것이다. 지금 당장 돈이 없다고 해도 삶의 질을 높여 줄 목표를 적어 두자. 머지않아 돈은 생길 것이고, 그때 그 돈을 정확히 당신이 원하는 대로 쓸 수 있을 것이다.

필수 예산을 확보한 뒤에는 내 돈으로 하고 싶은 것이라면 뭐든 해도 좋다. '무엇이든' 말이다. 부담이 싹 가시지 않는가? 내 돈을 내 마음대로 써도 아무런 문제가 없다니!

다만 그러기 위해서는 의미 있는 계획을 내놓아야 하며, 이 사실은 여전히 막막할 수 있다. 종종 우리는 너무 바쁘거나 요리하기 귀찮을 때면 배달 음식을 주문하거나 외식을 하곤 한다. 또 세일 중인 아웃렛에서 100달러짜리 셔츠를 30달러에 살 수 있다면 왠지 그냥 지나쳐선 안 될 것 같은 기분이 든다. 그러면서도 카드 빚을 없애야 할 것 같고 비상금을 쟁여 놔야 할 것도 같다. 결국 패닉 상태에 빠진다.

전부는 아니겠지만 꽤 많은 사람들이 대략적인 우선순위를 고민하는 단계에서 이처럼 고착 상태에 빠진다. 갈피를 못 잡겠다면 자신의 감정에서 힌트를 얻어 보자. 무언가에 돈을 쓸 때 혹은 쓰지 않을 때 어떤 느낌이 드는가? 돈 문제에 맞닥뜨렸을 때 어떤 감정이 나타나는지 주의를 기울이는 일은 중요하다. 우선순위를 드러내는 중요한 지표가 될 수 있기 때문이다.

리아와 애덤 부부는 결혼식 때 생긴 빚을 갚아야 한다는 사실에 부담을 느꼈다. '필수 지출 항목'에 포함할 정도였다. 실제 그들의 판단이 옳았다. 신용카드 회사에 매달 일정 금액 이상을 '반드시' 상환해야 했으니까. 하지만 그 사실 자체보다도 리아는 잔금 1만 달러를 보고 있으면 숨이 턱 막혔다. 애덤 역시 첫 아이가 태어나기 전에 빚을 다 갚을 수 있을지 걱정하느라 밤잠을 설치기도 했다.

지나고 보니 '결혼식을 좀 더 검소하게 치를걸' 하고 후회했지만, 그때는 너무 어렸고(가계부를 쓰기 1년 전이었다) 들뜬 상태였기 때문에 화려한 리무진과 하객들을 위한 굴 요리의 유혹을 뿌리칠 수 없었다. 결혼식 자체는 만족스러웠지만 빚이 그 후유증으로 남아 부부를 '병들게' 하고 있었다. 따라서 빚을 다 갚는 건 결코 포기할 수 없는 우선순위였다.

리아와 애덤의 결혼식 빚처럼 명백히 스트레스를 주는 비용은 우선순위를 매기기가 그리 어렵지 않다. 당신도 부채를 지고 있다면 똑같은 기분일 것이다. 빚에 대해 할 말이 참 많지만 몇 페이지 뒤로 미뤄 놓고, 일단은 당신의 감정에 대해 생각해 보라. 매달 빚을 갚는 데 상당히 많은 금액을 지불한다면 어떨 것 같은가? 팔뚝의 살을 뺐을 때처럼 대단한 업적을 이룬 기분일까, 아니면 월급의 대부분이 빚을 갚는 데 나가니 다른 목표를 달성할 수 없다는 생각에 스트레스를 받을까?

빚을 가지고 있기 싫을 수 있지만, 한편으로는 빚을 갚을 때까지 자녀의 대학 등록금을 모을 수 없다는 사실도 싫을 수 있다. 이런 심리적 갈등이 발생한다면 해결책은 하나다. 예산을 양쪽에 다 조금씩 배정하는 것이다. 개인적으로 나는 아이들의 대학 등록금을 모으는 게 좋은 생각이라는 데 동의하기 어렵고(이는 나중에 좀 더 얘기히겠다) 빚이라 하면 실령 집을 마련하느라 생긴 빚이라 해도 견딜 수가 없어서 잔금을 신속히 치르는 것을 우선순위로 삼았다. 결국 어느 쪽이 맞거나 틀리다고 할 수 없으며, 자신의 마음을 가장 편안하게 해 주는 선택지를 고르면 된다.

단지 돈 문제와 씨름하기 위해 가계부를 쓰는 건 아니다. 더 중요한 목표는 내가 원하는 삶에 다가가는 것이다. 따라서 나를 즐겁고 편안하게 만들어 주는 일에도 우선순위를 부여하라. 당신은 무엇을 할 때 만족스럽고 행복한 삶을 살고 있다는 느낌이 드는가? 여행을 가고 싶은가, 혹은 가족과 시간을 보내고 싶은가? 아니면 집을 꾸미고 싶은가? 어쩌면 일주일에 한 번 죄책감 없이 외식할 수 있다는 사실만으로도 편안하고 행복할 수 있다.

무엇이 나를 행복하게 하는지 시간을 들여 생각해 보라. 아직 돈이 충분하지 않은 탓에 당장은 욕심에 불과할지라도, 이렇게 떠올린 것을 가계부에 기록해 두자. 나를 행복하게 하는 것들을 누리려는 마음이 욕심이 아니라 실현 가능성 있는 목표가 된다.

미래의 내가 쓸 여윳돈 남기기

이쯤에서 당신은 필수 지출 항목에 예산을 배정한 뒤 통장에 여윳돈이 있는 걸 보며 기뻐할 것이다. 혹시 아직은 아니더라도 가계부를 몇 달만 더 관리한다면 이 같은 수준에 이를 것이다.

좋다. 그러면 이제 당신이 원하는 곳에도 돈을 투자할 수 있다. 하고 싶은 게 굉장히 많을 것이다. 이를테면 뒷마당의 울타리를 새것으로 바꾸고 놀이기구를 설치해서 아이들이 친구들과 놀 수 있는 공간을 만들어 주면 좋을 것 같다. 한편으로는 아이들과 여행을 다녀오고 싶은 마음도 있다.

이 경우 과연 어떻게 해야 할까? 마당을 꾸며야 할까, 여행을 가야 할까? 아니, 둘 중 하나는 정말로 해도 되는 걸까? 어쩌면 그 '여윳돈'이 사실은 여유 자금이 아닐 수도 있으니 말이다. 즉 은퇴 자금에 보탠다든가 좀 더 현명하게 쓸 만한 다른 방법이 있는데 놓치고 있는지도 모른다.

이처럼 때로는 우선순위를 파악하는 것 자체가 버거울 수 있다. 특히 처음이라면 더 그렇다. 다행히 여기에 정해진 답은 없지만, 그럼에도 결정은 반드시 내려야 한다. 만약 몇 가지 선택지를 놓고 고심하고 있다면 잠시 멈춰서 좀 더 근원적인 우선순위를 매겨 보자. 당신에게는 어떤 가치가 더 중요한가? '아이의 경험'이라면, 여행을 가거나 마당을 꾸미자. 아니면 적금을 불리는 것인가? 그럼 저축을 하라.

그럼에도 여전히 결정하기가 어렵다면, 이는 자신을 '지금의 나'로부터 분리하지 못하는 탓일 수 있다. 그렇다면 '미래의 나'를 떠올린 뒤 선택지를 하나하나 대입해 보자. 이때 어느 쪽이 더 기분 좋은가? 마당에서 친구들과 뛰노는 아이들을 지켜보는 일상인가, 가족끼리 자전거를 타고 암스테르담을 가로지르는 경험인가, 또는 아이들의 대학 등록금을 내줄 수 있을 때 느끼는 뿌듯함인가?

이 방법으로도 판단이 어려운가? 그렇다면 '미래의 나'를 다시 떠올린 뒤 친한 친구에게 당신의 선택을 설명한다고 상상해 보자. 또는 이런 훌륭한 고민을 하고 있다는 사실 자체를 즐기길 바란다. 가계부를 쓰는 것(우선순위를 정하는 것)은 운동을 해서 근육을 단련하는 것과 같아서, 하면 할수록 실력이 늘게 마련이다. 마음을 무겁게 누르던 고민이 점차 가볍게 느껴질 것이다.

이를 통해 신중하게 소비하고 저축해 원하는 경험을 더 빨리 얻게 되면 당신은 분명 깜짝 놀랄 것이다. 한때 '모 아니면 도'라고 생각했던 문제도 해답이 보이기 시작한다. 우선순위를 철저하게 점검했는데도 앞서 예로 든 두툼한 학자금 저축 통장과 즐길 거리가 많은 뒷마당, 가족과 떠나는 여행 모두 똑같이 중요하다는 결론이 나온다면, 당신은 결국 셋 다 실현할 수 있는 길을 생각보다 빨리 찾아낼 것이다. 예를 들어 놀이기구는 DIY 제품을 만들어 쓰거나 직거래 사이트에서 구한 중고 제품을 다듬어 쓰고, 가족 여행은 여행 경비를 줄일 수 있는 팁을 찾아보며, 이렇게 남긴 돈을 학자금 저축 통장에 넣는 것이다.

이렇게 되면 당신에게 여윳돈이 남는 경험은 이번 한 번만이 아닐 것이다. 가계부를 쓰면 쓸수록 돈이 남는 경험을 더 자주 맞이하게 된다. 그러면 당신은 그 돈으로 나 자신을 위해 무엇을 하고 싶은지도 더 깊이 이해하게 될 것이다.

빚 문제에 대처하는 방법

빚에 대해서는 할 이야기가 참 많다고도 할 수 있고, 거의 없다고도 할 수 있다. 꼭 알아야 할 내용은 단 한 문장으로 정리되기 때문이다.

"빚을 없애라."

여기서 말하는 빚은 주로 카드 빚 같은 소비자 부채를 가리킨다. 왜 빚을 져선 안 될까?

예를 들어, 당신은 가계부를 펴고 우선순위에 집중하기 시작해 목표에 실제로 다가가고 있었다. 자신에게 가장 중요한 우선순위를 콕 집어냈고 우선순위를 이루기 위해 계획을 세우는 중이었다.

그런데 혹시 빚이 있다면? 가지고 있는 돈 중 상당 부분은 이미 주인이 정해져 있다는 뜻이다. 당신의 빚이 우선순위에 투자해야 할 돈을 '훔쳐 가는' 것이다.

게다가 무엇보다 언짢은 점은, 이런 카드 빚은 주로 별생각 없이 이 것저것 사다가 쌓인다는 사실이다. 물론 삶이 녹록지 않아서, 혹은 응급 상황처럼 어쩔 수 없이 큰 비용을 지불해야 하는 일이 닥치는 바람에 빚을 졌을 수도 있다. 하지만 그다지 중요하지 않은 지출을 하다가 카드 빚이 쌓이는 경우가 더 많다. 점심을 사 먹었는데 메뉴가 무엇이었는지 기억도 안 나고, 옷을 새로 샀는데 몇 번 입지도 않았고, 영화를 봤는데 별로 재미도 없었고……, 이런 생활이 쌓이고 쌓여 빚이 되는 식이다. 그리고 바로 이 빚 때문에 목표에 다다를 기미가 보이지 않는다.

빚을 갚는 데 예산을 얼마나 배정할지는 다른 항목들과 마찬가지로 우선순위에 따라 달라진다. 천천히 갚아 나가도 상관없다면 최소한의 상환액만 지불하기로 결정한 뒤(이 경우 '부채 상환 비용'은 타협해선 안 되는 필수 항목이다) 예산 계획을 계속해 나가면 된다. 반면 나 같은 경우는 빚을 혐오하는 수준이라 최대한 빨리 잔금을 해치우려고 열심히(솔직히 강박적으로) 돈을 넣었다.

물론 카드 빚을 갚는 데 혈안이 될 필요는 없다. 선택은 당신에게 달렸다. 하지만 기억하라. 과거에 내린 결정에 발목이 잡힐수록 지금의 우선순위에 투자할 돈은 줄어든다. 과거를 과거에 묻어 두고 앞으로 나아가기 위해서라도 빚은 깔끔히 정리하는 수밖에 없다.

모든 결정은 스스로 내릴 것

●

개인 자산 관리에 대한 책들을 보면, 보통 이쯤부터는 돈을 어디다 써야 하는지 알려 주기 시작한다. '이자율이 높은 카드 빚부터 갚아라', '○○ 인덱스펀드에 투자해라', '노후 자금은 어떻게든 준비해라', '빚을 다 갚기 전에는 휴가 다니지 마라' 등등.

설명서 같은 것이 있다면 훨씬 편한 게 사실이겠지만, 그런 책들과 달리 나는 답을 줄 수 없다. 물론 바로 앞의 글에서 빚을 줄이라고 잔소리를 했어도, 예산 계획 과정에는 당신 스스로 알아내야만 하는 것들이 존재한다. 우선순위나 상황을 고려해 어떤 선택이 옳은지 판단할 수 있는 건 당신 자신뿐이다. 그러므로 나의 제안을 하나하나 그대로 따르기보다는 자기 자신의 상황을 깊이 들여다본 뒤 스스로 결정을 내리는 것이 훨씬 강력한 효과를 발휘할 것이다. 직접 결정한 예산 계획은 참신할뿐더러 이행하기도 쉽다.

특히 '퍼센트'를 써 가며 조언하는 자산 관리 전문가를 조심하라. '소득 중 ○퍼센트는 주거비로, △퍼센트는 식비로, ◎퍼센트는 노후 자금으로 사용하라'는 식으로 조언하는 사람들 말이다. 지역에 따라 천차만별인 집세만 봐도 그런 일반화는 거의 쓸모없다는 사실을 알 수 있다.

그런 주장을 하는 이들은 우리가 삶에서 내리는 선택들이 서로 얼마나 복잡하게 얽혀 있는지를 알지 못한다. 예를 들어 어떤 사람은 집세에 자산 전문가들의 '권장 비율'보다 많은 돈을 쓰고 있을지도 모른다. 하지만 동시에 자가용이 없고 자전거로 출퇴근하고 있을 수도 있다. 그렇다면 자동차 보험료, 할부금, 주유비는 물론이고 헬스클럽 이용료도 예산에서 빠진다. 결국 획일적인 조언은 실패일 수밖에 없다.

물론 나도 '필수 항목부터 먼저 예산에 포함하라'는 조언만은 절대 포기하지 않을 것이다. 빚에 관해서도 내 의견을 강권하는 편이다. 게다가 와이냅의 네 가지 원칙은 어떤 상황에도 보편적으로 적용된다고 한 바 있다. 하지만 그렇다고 월급의 20퍼센트로 어느 시점에 무엇을 하라고 콕 집어서 말해 주지는 않을 것이다. 구체적인 내용은 당신이 어떤 삶을 살고 싶은지에 따라 직접 결정해야 한다.

리아와 애덤의 사례로 돌아가 보자. 이들은 결혼식 빚을 최대한 빨리 없애는 것을 포함해 필수 지출 항목을 모두 정리한 뒤, 자신들만의 최우선순위를 다음과 같이 결정했다.

- **여행 자금** | 리아는 뉴욕 출신이고 애덤은 호주 출신이다. 여행 중에 만난 둘은 앞으로도 여행이 그들의 삶에서 큰 부분을 차지할 것임을 알고 있다. 따라서 멜버른으로 애덤의 가족을 보러 갈 수 있도록 매년 3,000달러는 어떻게든 남겨 놓기로 결정했다. 가족과 사이가 아주 좋은 애덤으로선 고향에 가지 않는다는 건 상상조차 할 수 없다. 리아 역시 가족을 최우선으로

생각하므로 멜버른 방문을 중요하게 여긴다. 둘은 돈을 좀 더 남겨서 매년 새로운 나라를 여행할 수 있길 바라지만, 일단은 멜버른을 포기할 수 없다.

- **건강관리 비용** | 헬스클럽 회원권이나 애덤이 몇 달마다 새로 구입하는 운동화 등, 건강관리에 관련된 비용을 포함한다. 리아와 애덤은 건강을 중요하게 생각하므로 이 항목 역시 타협할 수 없는 비용이다. 게다가 애덤은 마라톤 경주를 준비 중이고, 마라톤이 돈을 투자할 만한 목표라는 점에 두 사람 모두 동의하고 있다.

- **비상 자금** | 가계부에 대해 얘기하다 보면 비상금이 자주 화제에 오른다. 그런데 단지 돈을 따로 떼 놓는다고 비상금이 되는 건 아니다. 모든 돈에는 역할이 필요하다. 리아는 혹시 일자리를 잃더라도 6개월은 버틸 수 있는 돈을 손에 쥐고 있어야 마음이 편안할 것 같다. 애덤은 그리 걱정이 많진 않지만 그 정도 저축은 해야 리아가 스트레스를 받지 않을 것임을 이해한다. 흔히 사람들은 이런 막연한 돈 자체를 '비상금'이라고 부르는데, 와이냅에서의 관점은 다르다. 이번 달 '식비'나 '야간 데이트 비용'처럼 비상 자금 역시 별도의 예산 항목으로 생각해야 한다. 이는 '돈을 묵혀라'는 네 번째 원칙과도 통한다. 자세한 내용은 5장에서 다룰 것이니, 지금은 리아와 애덤 부부가 6개월 치 생활비를 마련해 두겠다는 목표를 갖고 있으며

이를 최우선순위에 뒀다는 사실만 기억하자.

- **보증금** | 이 목표 때문에 두 사람은 결혼식 빚이 더 야속하게 느껴진다. 아이들과 함께하는 일상을 그려 보기 전에는 자신들이 집을 얼마나 중요하게 생각하는지 알지 못했다. 지금 살고 있는 침실 하나짜리 아파트는 집세가 저렴한 편이라 그나마 다행이다. 하지만 둘은 아이들이 태어날 때를 대비해 베란다와 뒷마당이 있는 집을 간절히 원한다.

리아와 애덤의 가계부에는 다음과 같이 비교적 유연하게 수정할 수 있는 목표들도 포함되어 있다. 더 중요한 우선순위들을 위해 필요에 따라 지출을 줄일 수도 있다.

- **생일 및 기념일 비용** | 리아와 애덤은 특별한 날을 대비해 선물 살 돈을 매달 조금씩 모으기로 한다(자세한 전략은 다음 장에서 다루겠다). 이는 조절하기 아주 쉬운 비용이기 때문에, 더 중요한 항목에 예산이 부족할 경우 가장 먼저 거를 수 있다.
- **외식 및 외출 비용** | 중요도가 낮은 항목이다. 리아와 애덤에게는 초밥을 사 먹는 것보다는 멜버른에 다녀올 돈을 모으거나 결혼식 빚을 갚는 게 더 중요하다. 밖에서 친구들을 만나 술을 마시는 것도 좋지만 서핑이나 하이킹으로 시간을 보내는 걸 선호하기에 딱히 돈이 들지는 않는다. 특히 다른 우선순위가 급

한 상황이라면 외식은 아예 생략하고 밖을 돌아다녀도 된다.

- **유흥비** | 이유를 불문하고 각자 마음대로 쓸 수 있는 용돈이다. 개인적으로는 누구든 이 항목을 만들기를 권한다. 가계부에서 벗어나지 않으면서도 죄책감 없이 소소한 즐거움을 자유로이 누릴 수 있다.
- **의복비** | 한번 비용을 쓰고 나면 오랫동안 잊어도 되는 항목이다. 따라서 최우선순위가 급한 상황이라면 이 항목에서 예산을 빼 보태도 된다.

빚을 다 털어 내고 세계 곳곳을 누비는 삶을 즐기기엔 아직 멀었지만, 리아와 애덤은 앞으로 자신들이 어떤 길을 걸어가야 할지는 깨닫게 되었다. 게다가 그 길은 둘의 생활 방식과 우선순위에 100퍼센트 맞춰져 있다. 혹시 카드 빚을 보고 스트레스를 받더라도 '6월이면 멜버른에 갈 돈이 모이겠네!' 하면서 힘을 낼 수 있다. 손발이 완전히 묶인 삶은 아니다.

어떤 전문가들은 연이율 15퍼센트 카드 빚을 내버려 둔 채 여행에 돈을 쓰면 안 된다거나 빚을 다 갚을 때까지 새집은 꿈꾸지 말라고 충고할지도 모른다. 나 또한 당신에게 빚을 줄이라고 강권하기는 했지만, 그렇다고 진정한 행복까지 희생할 필요는 없다고 생각한다. 리아와 애덤 역시 자신들의 삶의 질을 높여 줄 우선순위를 포기해야 하는 계획이라면 오래 붙들고 있지 않으려 할 것이다.

지금 당장이든 먼 훗날이든, 우리 모두는 자기 자신에게 딱 맞는 삶을 살아야 한다. 물론 남이 시키는 대로 하고 싶은 마음이 들 수는 있다. 하지만 기억하자. 그 사람이 당신이나 당신 인생에 대해 아는 것은 하나도 없다. 그러니 당신 자신을 믿어라. 당신만이 스스로에게 무엇이 최선인지 알아낼 수 있다.

돈을 남기는 신용카드 사용법

●

이제 물건을 살 때는 신용카드로 결제한다고 해도 첫 번째 원칙을 따르자. 카드 대금만 지불하면 따로 역할을 맡길 필요가 없다고 생각했을지 모르지만, 해야 할 일은 그보다 많다. 리아와 애덤처럼 카드 빚이 많은 상황에서는 첫 번째 원칙에 따라 예산을 빚 정리하는 데 배정할 수도 있다. 하지만 앞으로도 빚을 만들지 않으려면 신용카드를 바라보는 방식을 바꿔야 한다. 당신이 신용카드를 사용하고 있다면, 청구액을 매번 완납하든 그렇지 못하든 주의를 기울이자.

신용카드를 없애라는 말은 아니다. 물론 신용카드를 잘라 버리라고 권하는 예산 관리 방법론은 많다. 이자율은 높은 데다 갖고 있지도 않은 돈을 계속 쓰고 싶게 만드는 신용카드는 돈 문제를 초래하는 원흉이라는 것이다.

일리 있는 말이지만 난 그에 동의하지 않는다. 신용카드 자체는 문제가 아니며, 우리가 어떻게 쓰는지가 문제다. 이미 자신의 계좌에 있는 돈, 즉 가계부에 계획을 세워 놓은 돈을 쓰는 한 신용카드를 사용해도 무방하다. 이 말은 결제일 전에만 돈을 준비하면 된다는 의미는 아니다. 그 정도로도 좋은 시작이긴 하지만, 결제일에 청구되는 금액을 지불할 만큼만 돈을 갖고 있다면 여전히 빚을 지고 있다는 뜻일 수 있어서다.

이는 '신용카드 유예기간Credit Card Float'때문이다. 유예기간을 이용하고 있다는 말은, 다음 달에 들어올 수입에 기대어 이번 달 지출을 하고 있다는 뜻이다. 이 악순환에 빠진 사람들은 대부분 자신의 지출이 유예기간에 걸쳐 있다는 사실을 쉽게 알아차리지 못한다. 대금을 매달 제때 완납한다고 자부하기 때문이다. 이자를 낸 적도 없고, 마일리지나 캐시백 등 온갖 공짜 혜택도 누린다. 이 정도면 다른 사람보다는 재정 상태가 괜찮은 편이다. 하지만 유예기간의 덫이 어떤 식으로 작동하는지 자세히 살펴보면 생각이 바뀔 것이다.

예를 들어, 당신이 7월에 신용카드를 긁어서 이것저것 사들였다고 해 보자. 7월분 청구 기간은 30일까지고 결제 기한은 8월 30일까지다. 이제, 8월로 넘어온 뒤에도 계속 신용카드를 쓴다고 해 보자. 8월 지출 내역은 9월에나 나올 것이다.

여기서 8월 30일에 7월 청구액을 지불할 때, 혹시 당신은 카드 대금을 아예 다 정리할 수 있는가? 그러니까, 7월은 물론이고 8월에 결제한 금액도 다 치를 수 있는가? 아니면 9월에 수입이 들어올

줄줄이 돈이 새는 참사가 벌어지는 상태

※ 수입과 지출 흐름을 전혀 파악하지 못하며 청구된 대로 돈을 내는 상황

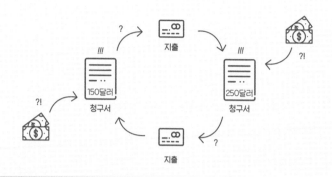

완납한다고 착각하지만 유예 기간에 걸친 상태

※ 8월 월급에서 8월 청구된 내역(7월 지출비)만 해결하는 상황

첫 번째 원칙을 따르는 신용카드 사용법

※ 월급을 받아 체계적으로 예산을 짜 지출하고 청구될 돈을 준비하는 상황

때까지 기다려야 하는가? 대금을 전부 상환할 돈이 통장에 없다면 당신은 신용카드 유예기간에 머물러 있는 것이다.

신용카드 유예기간에 아무 문제가 없는 것처럼 보이는 이유는, 다음 달에 들어온 월급으로 명세서에 적힌 대금을 지불하고 또 다음 달로 넘어가면 그만이기 때문이다. 그런데 만약 어떤 이유로든 다음 달 월급이 들어오지 않으면 어떻게 할 것인가? 혹은 목돈이 나갈 일이 생겨서 월급을 잡아먹으면? 그래도 지금 가지고 있는 돈만으로 청구액을 치를 수 있을까?

유예기간에 머물러 있는 사람이든 이미 카드 빚에 파묻힌 사람이든, 이 책에서 제시하는 신용카드 사용법을 숙지한다면 들어오지도 않은 돈을 쓰는 위험을 피할 수 있다. 방법은 간단하다. 신용카드로 결제할 때는, 그 돈이 지금 통장에 들어 있는지 그리고 지출이 이미 가계부에 계획되어 있는지 꼭 확인하는 것이다.

이렇게 하면 똑같이 신용카드를 사용하더라도, 돈이 없어 신용카드를 '써야만 해서'가 아니라 포인트 적립 등의 이유로 '쓰고 싶어서' 쓸 수 있게 된다. 사실상 체크카드처럼 사용하는 것이다. 체크카드와 딱 한 가지 다른 점이라면 청구서를 지불할 때까지 돈이 통장에 남아 있다는 사실이다. 늘 돈이 준비되어 있으니 언제든 대금을 치를 수도 있다.

이 방법은 카드 빚을 지고 있는 사람이 빚을 키우지 않도록 돕기도 한다. 이 경우 신용카드 요금은 둘로 나뉜다. 하나는 지난달 카드 빚을 상환하기 위한 금액이고, 다른 하나는 이번 달에 카드로 결제한 금액이다. 이 사실을 놓친 채로 계속 신용카드를 쓰다 보면 점점 더 빚의 늪에 빠진다. 두 가지가 헷갈릴까 봐 걱정된다면, 카드를 하나 더 만들어서 이달 지출용으로 사용하면 된다. 대신 이 카드는 대금이 한 푼도 남지 않도록 유지해야 한다. 혹은 카드 빚을 다 갚을 때까지 현금이나 체크카드를 쓰는 것도 방법이다. 어쨌든 빚이 남아 있는 신용카드는 사용해선 안 된다. 빚을 줄이는 데에 집중하라.

수입을 늘리고 지출은 줄이는 전략

●

특히 빚이 있는 경우, 돈을 더 벌면 당연히 경제적 부담이 줄어들 거라고 생각한다. 하지만 꼭 그렇지는 않다. 추가로 들어온 수입을 어떻게 관리하는지에 따라 결과는 크게 달라진다. 수입이 늘었다고 신이 나서 더 큰 집으로 이사하거나 더 멋진 차로 갈아타는 등 돈을 물 쓰듯 쓰면 결국 제자리걸음이다. 오히려 상황이 악화될지도 모른다. 바로 '라이프스타일 크리프Lifestyle Creep'의 저주다.

라이프스타일 크리프란 소득이 늘어남에 따라 라이프스타일에 투자하는 비용도 늘어나는 현상을 가리킨다. 더 많이 버는 만큼 더 많이 쓰는 것이다. 이때 흔히 이런 불만이 되풀이된다. "벌이가 늘었는데 왜 돈 때문에 스트레스 받는 건 똑같지?"

자신도 모르는 사이에 생활수준이 올라갔다는 건 사실상 지출이 우선순위에 따라 이루어지지 않고 있다는 뜻이다. 그렇다. 이번에도 핵심은 우선순위다. 개인적으로는 문제의 본질이 호화로운 라이프스타일이 '스며드는 데'에 있지 않고 우선순위를 뒤죽박죽 만드는 데에 있다고 본다. 즉 수입이 늘었는데도 돈 때문에 불만이 생긴다면 중요하게 여기지 않는 곳에 돈이 쓰이고 있을 확률이 높다.

그렇다면 의도치 않게 생활수준이 높아지는 상황을 어떻게 피할 수 있을까? 바꿔 말해, 어떻게 하면 우선순위를 벗어나지 않고 돈을 쓸 수 있을까? 이에 관해 다음의 두 가지 전략을 소개한다.

전부 의심해라

1년에 한 번은(나는 1월을 선호한다) 지출 내역 하나하나를 의심해 보라. 당연한 지출처럼 보이는 주거비, 교통비, 보험료를 의심해 보자. 늘 떠나는 휴가, 늘 구입하는 물건, 늘 먹는 음식도 빠짐없이 고려해야 한다. 매 항목마다 "왜 돈을 써야 하지?"라는 질문을 예닐곱 번씩 적용해 보면, 우선순위처럼 보이던 껍질을 들춰내고 진짜 모습을 확인할 수 있다.

이쯤에서 나의 친구인 션의 사례를 살펴보자. 평소 션의 가족은 영화관에 가는 걸 매우 즐겼다. 그들은 영화는 물론이고 영화관 특유의 분위기와 냄새, 팝콘, 가족과 보내는 시간 모두를 좋아했다. 내게 영화관에 다녀온 이야기를 할 때면 정말 좋아한다는 걸 알 수 있었다. 션에게 영화관에 가는 일은 단순히 습관이나 편의의 문제가 아니었다.

그럼에도 션과 나는 '왜'라는 질문을 통해 '영화관' 항목에도 껍질이 있다는 걸 알게 되었다. 바로 그의 가족이 영화관을 좋아하는 근본적인 이유는 '가족과 함께 보내는 시간' 때문임이 드러났다. 그래서 나는 그가 새로운 전략을 짤 수 있도록 도왔다. 가족이 모여서 지금만큼, 혹은 더 즐겁게 시간을 보내면서도 지출을 줄일 수 있는 방법은 무엇일지 고민했다. 그리고 방법을 찾아냈다.

바로 영화관이 아닌 집에서 함께 영화를 보기로 한 것이다. 맛있게 튀긴 팝콘으로 집 안 곳곳을 버터 냄새로 가득 채울 수 있었고, 재밌는 영화를 즐기면서 다 같이 시간을 보낼 수도 있었다. 이후 션은 가족이 함께하는 시간이 오히려 질적으로 향상되었다고 했다. 영화 보는 밤을 특별한 시간으로 만들기 위해 준비하느라 가족이 더 오래 함께할 수 있다는 것이었다.

또한 대가족인 그의 가정에서 영화 티켓에 팝콘 가격까지 계산하면 매번 80달러 정도 이득을 보는 셈이었다. 하지만 돈을 아끼는 게 핵심은 아니었다. 이제 션의 가족은 자신들이 영화 보는 밤을 소중히 여기는 진짜 이유에 집중하게 되었고, 그래서 무엇을 하든 함께 보내는 시간을 늘리려 애썼다. 이것이야말로 정말로 중요한 변화다.

그러니 당신도 모든 걸 의심하길 바란다. 팝콘처럼 아주 사소한 부분까지 말이다.

1~2년마다 새 출발을 해라

뒤의 9장에서 자세히 다루겠지만, 때로는 가계부를 없애 버릴 필요가 있다. 와이냅 소프트웨어를 이용 중이라면 '새 출발Fresh Start' 기능을 사용하면 된다. 스프레드시트를 이용 중이라면 기존 시트를 따로 정리해 두고 새 시트를 만들자. 종이 가계부를 쓰고 있다면 새 가계부나 새로운 장으로 시작하자. 핵심은 지금의 통장 잔고만으로 예산 계획을 다시 시작해 지출 항목을 하나씩 더해 가는 것이다.

앞의 첫 번째 전략이 가계부에서 개선하거나 삭제할 항목이 없는지 의심해 보는 방법이었다면, 이 전략은 가계부에 어떤 항목을 포함시킬지 고민해 보는 방법이다. 백지 상태로 출발하면 비용을 하나하나 세심히 따져 볼 수밖에 없다. 첫 번째 전략과 비슷해 보이지만, 이 전략은 한 가지 흥미로운 결과를 가져온다. 특히 예산 관리 경험이 풍부한 사람이 이 전략을 사용하면 단지 가계부를 오래 사용했다는 이유만으로 큰돈이 쌓여 있는 걸 확인할 수 있다.

수입이 늘면 그만큼 생활수준도 높이고 싶은 유혹이 들 수 있다. 당신이 진심으로 원하는 바가 그것이라면 그렇게 해도 좋다. 하지만 돈이 갑자기 생겼다고 해서 새로운 소비 습관을 당연하게 여겨선 안 된다. 매 순간 우선순위에 따라 결정을 내리고 있는지 확인하자.

손쉽게 우선순위 찾는 법

무엇을 최우선으로 둘지 파악하는 일이 늘 쉽지만은 않다. 따라서 와이 냅에서는 첫 번째 원칙을 적용하는 순서를 다음과 같이 제시한다.

- **긴급한 필수 지출 항목부터 고려하기**
  : 주거비, 식비, 각종 공과금 등 돈을 내지 않으면 좋지 않은 일이 생기는 항목을 살펴야 한다. 필수 지출 항목을 위해 돈을 따로 떼어 놓은 뒤 '준비해 뒀다'는 사실을 기억하면, 실제 생활에서는 물론 심리적으로도 훨씬 안정감이 생긴다.

- **실질적인 비용을 고려하기**
  : 액수가 크고 나오는 시기도 불규칙적이라 우리를 놀라게 하지만, 실제로는 놀랄 이유가 없는 비용이다.

- **필수 지출 항목 다음으로 당신의 최우선순위 찾기**
  : 가족과 보내는 시간이든, 떼려야 뗄 수 없는 취미이든 가계부에 포함시켜라.

- **우선순위 중 순전히 재미와 즐거움을 위한 항목 찾기**
  : 이 항목에서 한 달 정도 예산을 아낀다고 해서 하늘이 무너지지는 않는다.

선택은 당신의 몫이다. 하지만 이 순서를 따라 우선순위를 고민해 보면, 자신이 무엇을 소중히 여기고 어떤 소비 습관을 기꺼이 포기할 수 있는지 파악하는 데 도움이 될 것이다.

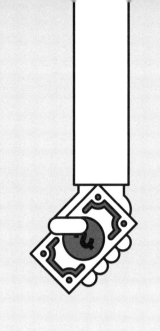

3장

두 번째 원칙,

실질적인
비용을
받아들여라

돈은 비료와 같아서
뿌리지 않으면 소용이 없다.

프랜시스 베이컨

실질적인 비용을 받아들이라는 두 번째 원칙은 이미 앞에서 살펴본 바 있다. 큰 비용을 월 단위로 쪼갠 뒤 매달 가계부에 포함시키는 것 말이다. 이 정도면 충분할까?

어느 정도는 그렇다. 하지만 이 두 번째 원칙은 당신의 재정 상태를 완전히 바꿔 놓을 수도 있으니, 조금 더 집중해 보길 바란다.

두 번째 원칙의 핵심은 멀리 내다보고 지금 행동하는 것이다. 앞으로 어떤 비용이 나올지 미리 파악해 둠으로써, 나중에 돈이 필요할 때 텅 빈 지갑을 쥐고 멍하게 있지 않도록 대비하는 것이다. 여기서 '앞으로 나올 비용'에는 청구서부터 굵직한 인생 계획에 쓰일 자금까지 무엇이든 포함될 수 있다.

예측 가능한 비용과 불가능한 비용 구분법

●

앞 장에서 소개한 '실질적인 비용'은 생활을 유지하는 데 필요한, 매달 정기적으로 지출해야 하는 비용과는 차이가 있다. 가끔씩 갑작스럽게 나오는 비용에 초점을 맞추게 된다. 그러나 사실, 실질적인 비용에는 매일 혹은 매달 규칙적으로 나오는 비용부터 잊어버리기 쉬운 불규칙한 비용까지 '모든 비용'이 포함된다. 그렇기 때문에 많은 사람들이 지출의 전체 그림을 파악하기 어려워 하는 이유도 납득이 된다.

두 번째 원칙을 적용하다 보면 보통 불규칙적으로 발생하는 비용을 다루게 된다. 이러한 비용은 크게 둘로 나눌 수 있는데, 하나는 **예측할 수 있는 비용**이고 다른 하나는 **예측할 수 없지만 피할 수도 없는 비용**이다.

당연한 말이지만, **예측할 수 있는 비용**은 예측 가능한 것을 가리킨다. 갑자기 나온 것처럼 놀라는 경우가 많지만 사실 언제 얼마나 나올지 정확히 알고 있는 비용이다. 혹은 적어도 주의를 기울이려고 마음만 먹으면 알 수 있는 비용이다.

대표적인 비용이 자동차 보험료다. 그 어마어마한 청구서가 우편함에 꽂혀 있을 때 어떤 느낌이 드는지는 당신도 잘 알 것이다. 꼭 생각지도 못한 순간에 나타나서 '얼마 전에 냈잖아?' 싶어 되짚어 보면 웬걸, 벌써 6개월 전이다. 결국 신용카드를 긁거나 다른 곳에 쓰려던 돈을 포기하면서 납부할 수밖에 없다.

만약 600달러짜리 보험료에 대비해 납기일까지 6개월간 매달 100달러씩 저축했다면 어떨지 상상해 보라. 청구서를 보고도 놀라지 않을 것이다. 압박감도 전혀 없다. 그저 청구액을 지불하고 갈 길을 가면 되니 오히려 기쁘고 뿌듯하다. 청구서에 스트레스를 받던 시절이 떠올라 지금 이 순간이 더 달콤하게 느껴질지도 모른다.

예측할 수 있는 비용 중에는, 액수가 정해져 있진 않지만 언제 나올지 정확히 알 수 있어서 미리 계획을 세우는 것이 가능한 비용도 존재한다. 예를 들어 쇼핑 비용은 12월에 몰릴 것이다. 전기 요금은 에어컨 때문에 여름에, 가스 요금은 겨울에 치솟을 것이다. 명절에도 돈이 많이 든다. 명절 직후 지출 내용들로 빼곡한 카드 명세서를 받아 드는 것은 언제나 공포와 스트레스다.

크리스마스 쇼핑 시즌을 위해 연초부터 돈을 모으라니 이상하게 들릴 수도 있겠지만, 12월에 돈뭉치가 떡하니 마련되어 있어서 죄책감이나 압박감 없이 돈을 써도 된다면 얼마나 좋을지 상상해 보라. 매년 특정한 시기에 필요한 비용이라면 어떤 비용이든 마찬가지다. 지금의 내가 1년 내내 돈을 조금씩 떼어 둔다면 '미래의 나'는 여유롭고 행복해질 것이다.

한편, **예측할 수 없지만 피할 수도 없는 비용**은 언젠가 발생할 것이란 건 알지만 정확히 언제 얼마나 발생할지는 모르는 비용을 가리킨다. 예측할 수 있는 비용에 비하면 무작위적인 성격이 강하지만, 흔히 생각하는 것만큼 그리 변덕스럽진 않다.

되돌아보면, 카드 명세서에 어마어마한 금액이 찍힌 걸 보고도 '유난히 지출이 많은 달이었네' 하며 넘어간 적이 있을 것이다. 명세서에 적힌 내용은 보통 이런 식이다. 결혼식에 챙겨 간 선물 구입비, 크라우드펀딩에 후원한 돈, 운전하다가 연석을 긁는 바람에 교체한 타이어 비용, 결혼식에 가야 하는데 갖고 있던 정장이 두 치수는 커져서(다이어트의 유일한 단점이랄까) 부랴부랴 준비한 정장 구입비. 비합리적이거나 무책임한 소비는 없었다. 오히려 사려 깊게 베푸는 마음으로 쓴 돈도 있지 않은가. 그러다 보니 당신은 이번 달이 남다른 달이었다 여기고는 이제부터라도 허리띠를 졸라매겠다고 다짐한다.

하지만 다음 달 명세서는 어떤가? 아이의 학교에서 열리는 과학경진대회 준비물 구입비, 부주의로 계단 턱에 걸려 넘어진 탓에 병원에서 엑스레이를 찍고 물리치료를 받는 데 쓴 병원비, 법으로 제재해야 하는 게 아닌가 싶을 정도로 비싼 프린터 잉크값, 키우던 고양이의 갑작스러운 수술비. 당신은 이렇게 생각할 것이다.

'이번 달도 만만치 않았네. 뭐, 다음 달엔 분명 괜찮아질 거야.'

그러나 결말이 어떤지는 잘 알 것이다. 다음 달이라고 절대 괜찮아지지 않는다. '참 유난스러운 달' 같은 건 없으니까. 다만 인생이 원래 유난스럽다.

이런 갑작스러운 비용 때문에 많은 사람들이 가계부를 포기한다. 어차피 '계획에 없던 일'을 계획할 수는 없을 텐데 뭐 하러 힘을 들이느냐는 생각에서다.

하지만 중요한 사실이 있다. 갑작스러운 비용은 실은 대부분 전혀 갑작스럽지 않다는 점이다. 인생을 바라보는 시야를 넓혀 보자. 타이어는 영원히 굴러가지 않는다(자동차 유지비를 매달 조금씩 떼 놓아라). 고양이가 열다섯 살쯤 되면 건강에 문제가 생길 수밖에 없다(아직 건강하더라도 '동물 병원' 항목에 예산을 배정하라). 게다가 당신이 페이스북에서 아이들이 관련된 펀딩 캠페인만 보면 그냥 넘어갈 수 없을 정도로 마음이 약한 사람이라면(망설이지 말고 '나눔' 항목을 만들어라), 이 같은 상황들에서 발생하는 비용은 돌발적이지 않다. 물론 청구되는 순간에는 놀라겠지만, 그렇다고 피할 수 있는 비용은 아닌 것이다. 알다시피 언젠가는 마주칠 수밖에 없다. 이런 비용도 실질적인 비용에 포함되니 미리 예산 계획을 세우자.

이때 이전의 카드 명세서들을 모아 놓고 살펴보면, 예측 가능한 비용이든 불가능한 비용이든 실질 비용을 꽤 구체적으로 파악할 수 있다. 그 과정이 고통스러울 순 있다. 하지만 1년에 동물 병원에 몇 번 가는지, 기부는 몇 번 하는지, 청구서는 몇 번 나오는지 등등 핵심적인 패턴을 짚어 낼 수만 있다면 대충이라도 명세서를 훑어볼 만하지 않을까?

이는 우선순위의 빈틈을 보강하는 데도 훌륭한 기회다. 예를 들어 최근에 피자를 몇 번이나 주문했는지 확인한 뒤 자신의 씀씀이에 충격을 받았다면, 그 좌절감을 원동력으로 삼아 지금부터라도 인생 목표에 맞춰 소비 습관을 기르면 된다. 지난 일에 연연한 필요는 없다. 내 돈이 실제로 어디로 나가고 있는지 충분히 이해할 수 있을 만큼만 지출 내역을 들여다보면 된다.

첫 번째 원칙을 잊지 말자!

●

이야기를 계속하기 전에 한 가지 고백할 사실이 있다. 두 번째 원칙인 '실질적인 비용을 받아들여라'는 결국 첫 번째 원칙인 '돈마다 역할을 맡겨라'와 전체 틀이 같다는 것이다. 적용되는 구체적 시나리오만 다를 뿐, 네 가지 원칙 모두 첫 번째 원칙, 돈마다 역할을 맡기는 것에서 크게 벗어나지 않는다. 다만 두 번째 원칙은 첫 번째 원칙의 '덜 쓰는 비용'에 적용된다.

일단 실질 비용을 파악하고 나면 결국 다시 첫 번째 원칙으로 돌아온다. 긴급한 필수 항목부터 예산을 배정한 뒤, 우선순위 목록을 따라 내려가면서 중요한 순서대로 돈에 역할을 맡겨라. 돈을 어디에 먼저 써야 할지 확신이 서지 않는다면, 가끔씩 등장해 늘 당신을 놀라게 하는 청구서라든가 지출이 치솟아 예산 계획에 차질이 생기는 연휴 기간에 집중하라. 보기만 해도 움찔하는 그런 비용들 말이다. 그 후 여유가 된다면 다른 우선순위에 예산을 배정하면 된다.

주목할 점으로, 두 번째 원칙에는 몇 가지 부수적인 결과가 뒤따른다. 우선, 가지고 있는 돈이 많아진다. 매달 돈을 따로 떼 놓는다고 해도 실제로 쓰는 건 아니므로 비용이 나올 때까지 돈이 그냥 쌓여 있는 것이다. 멋지지 않은가!

곧 깨닫겠지만, 불규칙적으로 발생하는 비용을 하나하나 가계부에 포함시킬수록 당신이 받는 스트레스도 줄어든다. 돈 걱정은 장기적인 지출 계획을 위해 따로 떼어 놓은 금액이 많을수록 줄어든다. 최우선순위에 속하는 비용이면 더더욱 그렇다. 과학적으로도 증명된 사실로, 우리는 자신에게 중요한 일에 돈을 투자할 때 특히 기분이 좋아지기 때문이다.

실천은 소소하게, 그러나 꿈은 크게!

●

두 번째 원칙이 가진 또 하나의 매력은, 큰 목표를 성취할 수 있는 간단하면서도 구체적인 전략을 제시해 준다는 점이다. 물론 비용 문제를 해결하는 데에도 도움이 되지만, 가계부를 쓰는 핵심 목표는 당신이 원하는 삶을 계획하는 것이다. 두 번째 원칙은 당신이 꿈꾸는 삶에 다가가도록 돕는 비장의 무기다.

3장을 시작하면서 나는 두 번째 원칙이 당신의 재정 상태를 뒤바꿀 수 있다고 말했다. 두 번째 원칙에 '거대한' 목표를 이룰 힘이 담겨 있음을 과소평가하지만 않는다면, 이는 정말로 가능한 일이다. 터무니없어 보이는 꿈들을 전부 떠올려 보라. 인생의 목표라기보다는 판타지처럼 느껴질지 모른다. 그러나 꼭 어마어마한 꿈이어야 인생을 바꿀 수 있는 건 아니다. 그저 돈 때문에 매 순간 스트레스 받는 일만 없기를 바랄지도 모른다.

그리고 바로 이때 두 번째 원칙이 완벽한 답이 된다. 앞길을 가로막는 '갑작스러운' 비용이나 제발 사라졌으면 하는 빚더미 때문에 얼마나 많은 스트레스가 쌓이던가. 자신의 소비 습관을 바라보는 시야를 넓히고 거액의 지출에 대비해 돈을 비축해 둔다면, 그런 스트레스는 말끔히 사라질 것이다.

두 번째 원칙은 거대한 산을 오르는 과정과 비슷하다. 언뜻 보면 과연 가능할까 싶을 정도로 숨이 막히지만, 조그마한 언덕 여러 개로 나누어 생각하면 마음이 차분해진다. 산을 오르는 중이든 경제적인 목표를 향해 나아가는 중이든, 한 번에 고지를 넘으려 하기보다는 조금씩 오르락내리락하는 편이 훨씬 쉽다.

마찬가지로, 1만 달러에 달하는 카드 빚을 보면 머릿속이 하얘진다. 하지만 빚을 여러 달로 쪼개 한 달에 몇백 달러 정도로 바꿔 생각하는 순간, 빚에서 벗어나는 꿈에 닿기까지 남은 거리는 '매달 외식 몇 차례 줄이기', '신발 한 켤레 덜 사기', '마트 이용하는 방법 바꾸기' 정도로 줄어들 것이다. 작은 선택이 모이고 모여 큰 차이를 만들 듯, 매달 소소한 성공이 쌓일 때마다 목표가 점점 가까워진다.

아직은 하고 싶은 일이 너무 많을 것이다. 두 번째 원칙을 배우고 처음 가계부를 펼치면 청구서나 인생 목표 등 버킷 리스트에 적힌 온갖 내용이 감당이 되지 않는다. 페이스를 조절하고 여유를 가져라. 이제 막 돈을 상대로 주도권을 잡았을 뿐이다. 모든 우선순위에 예산을 배정할 수 있기를 기대하지 말자. 어느 정도 시간이 지나야 매달 모든 목표에 돈을 투자할 수 있으니 말이다. 게다가 어떤 실질적 지출 항목(예를 들어 동물 병원 비용이나 자동차 수리비)에 안심할 만큼 돈이 모였다면 더 이상 예산을 배정하지 않아도 된다.

그래도 실질적인 비용을 한눈에 보고 있자면 여전히 거대한 산처럼 느껴질지 모른다. 목표가 너무 많아서 어디서부터 시작해야 할지 감을 잡기 어려울 수 있다. 당신은 이렇게 고민할 것이다.

'여러 목표에 조금씩 투자해야 할까? 아니면 한 가지 목표에 집중해야 할까?'

바로 이때 전략을 잘 세워야 한다. 앞서 제안한 대로, 청구될 때마다 당황스러운 비용(몇 개월에 한 번씩 청구되는 보험료, 기념일 선물, 휴가비나 등록금 등 큼지막한 연례 비용)부터 시작하라. 딱 한 번이라도 기한 전에 돈을 준비해 낸다면 뿌듯한 마음에 탄력이 붙어 점차 다른 큰 비용들도 예산 계획에 포함할 수 있을 것이다. 또한 갑작스러운 비용 외에 다른 비용도 잊지 않고 가계부로 관리한다면, 거기서 발생하는 여윳돈을 실질 비용에 투자할 수 있다.

앞서 말했듯, 자신의 감정이야말로 어떤 목표를 먼저 공략해야 하는지 알려 주는 좋은 기준이 될 수 있다. 그리고 누구나 그 목표를 원하는 만큼 밀어붙일 힘을 가지고 있다. 리아와 애덤은 결혼식 때 생긴 빚을 정말 간절히 없애고 싶었기 때문에, 매달 카드 청구서에 최대한 많은 비용을 쏟아부었다. 당신도 어떤 목표를 생각할 때 간절한 느낌이 든다면 그 간절함만큼 공격적으로 예산을 짤 수 있다.

물론 꼭 그럴 필요는 없다. 우리 부부의 가계부에는 예산을 아예 배정하지 않은 목표들도 있다. 언젠가 이루고 싶기는 하지만 아직 돈을 쓸 만큼 긴급하지는 않은 것들이다. 우리 부부에게 당장 끌리는 큰 목표 중 하나는 별장이다. 하지만 그 전에 대출금부터 정리하기로 했다. 그래서 '별장' 항목을 일종의 지향점이자 다짐을 되새기는 용도로 가계부에 적어 두기만 했다.

어떤 전략을 취하든 돈마다 역할을 하나하나 맡긴다면, 돈이 역할을 수행할 때마다 재정 상태가 나아질 것이다. 똑같은 과정을 반복하고, 반복하고, 또 반복하라. 정신을 차리고 돌아보면 어느새 숨 한 번 고르지 않고 거대한 산을 정복한 자신을 발견할 것이다.

두 번째 원칙이 가져오는 변화

●

두 번째 원칙을 따를 때 당신은 돈을 다루는 면에서 과거 어느 때보다 능동적으로 변한다. 멀리 내다보고 지금 행동할 때, 단지 다가

올 청구서만 생각하는 게 아니라 더 큰 그림을 놓고 모든 비용을 꿰뚫어 보게 되기 때문이다. 이처럼 분명한 시야를 갖게 되면 어떤 비용이 청구되어도 놀라지 않는다. 통장의 거래 내역 자체는 크게 다르지 않을 수 있지만 이제는 그 내역이 어떻게 자신의 거대한 인생 계획을 반영하는지 이해한다. 초점을 예리하게 유지하다 보니, 단기적인 지출을 결정할 때도 장기적인 목표에 큰 영향을 미치지 않는지 고민하게 된다.

간단히 말해, 두 번째 원칙이 당신의 뇌를 지배하는 것이다. 이는 매우 긍정적인 현상이다. 그리고 가장 큰 변화는 소비 습관에서 일어난다. 장기적인 목표가 레이더망에 들어와 있는 이상, 무언가를 살지 말지 결정할 때 더 이상 통장 잔고는 고려 대상이 아니다. 더이상 '여기에 돈을 써도 되나?' 하며 고민하지 않는다. 돈이 있으면 여기저기 쓸 수야 있겠지만 이는 중요한 문제가 아니다. 그 대신 당신은 이렇게 생각하게 된다.

'여기에 돈을 쓰면 내 목표에 다가갈 수 있을까?'

자신이 내린 결정이 미래에 어떤 영향을 미칠지 구체적으로 고려하는 것이다. 이렇게 현실적인 저울질이 시작된다. '지금 이 신발을 사면 휴가 계획을 한 달 더 미뤄야겠군' 하는 식으로 돈을 다루다 보면 자신이 내리는 결정에 금세 만족하게 된다.

사실 이미 많은 사람들이 늘 저울질을 하지만 제대로 알아차리지 못할 뿐이다. 보통 이런 식으로 생각한다.

'이걸 사면 잔고가 줄어들겠지. 그래도 괜찮을까?'

잔고가 줄어드는 것이 실제로 무엇을 의미하는지도 모르는데, 괜찮을지를 알 리가 있겠는가. 단지 돈을 더 많이 갖고 싶어서 소비를 참는 식으로는 행동이 절대 오래가지 못한다. 돈은 지금 얼마가 있든 더 많이 갖고 싶게 마련이다. 이는 이룰 수 없는 목표다. 닿지도 않는 높이에 당근을 매달아 놓고 스스로를 채찍질하는 것이나 마찬가지이므로 결국 박탈감에 빠지고 만다.

두 번째 원칙을 따르면 정말로 그 결과가 어떠할지 윤곽이 그려진다. 그러면 당신은 이렇게 생각할 수 있다.

'지금 이걸 사면 갖고 싶은 다른 물건을 살 돈이 줄어들겠네.'

이 현실감이 모든 걸 바꾼다. 저울질하는 대상은 통장 잔고가 아니라 자신이 갖고 싶다고 판단한 무언가여야 한다. 박탈감이 전혀 생기지 않는다. 지금 희생한 대가로 당신이 진심으로 갖고 싶어 하는 무언가를 얻게 되니 말이다.

생각의 흐름을 이런 식으로 바꾸면 마법이 펼쳐진다. 목표가 가까워지기 시작한다. 새집으로 이사할 때 필요한 계약금을 모으는 일이든 고양이가 다칠 때에 대비해 병원비를 충분히 마련하는 일이든, 자신이 원하는 목표를 향해 능동적으로 나아가기로 결심했기 때문이다. 장기적인 목표에 돈을 투자하는 것은 곧 '미래의 나'를 위한 자금을 준비해 주는 것과 같다.

생각만 하지 말고 시도하라

●

29세의 매튜 리치는 약혼자 앨리와 뉴욕에 살면서 고객 서비스
센터 매니저로 일하고 있다. 매튜는 빚에서 빠져나오기 위해 2년
전부터 와이냅을 사용하기 시작했고 덕분에 실제로 빚에서 빠져나
왔다. 그가 요즘 최우선순위로 삼고 있는 목표는 '은퇴 자금 통장
가득 채우기'와 '큰 위험에 대비해 돈 모으기'이다.

그리고 최근 매튜와 앨리는 서로의 삶을 합치는 과정에서 가계
부를 공유하기 시작했다. 매튜는 개인 가계부도 계속 사용하겠지만
(계좌는 결혼 후에 합치기로 했다), 집세, 식품비, 외식비, 여행 자금 등
둘이서 나눠 내고 있는 비용은 공동 가계부에 포함시키기로 했다.

실은 두 사람 모두 전에도 돈을 관리하려고 다양한 방법을 시
도했지만 결과가 실망스러웠다. 그래서 앨리는 와이냅도 별 효과
가 없으리라 예상했다. 하지만 매튜가 어느덧 와이냅의 네 가지 원
칙을 열렬히 따르자 앨리 역시 한번 부딪쳐 보기로 했다.(매튜로 말
할 것 같으면, 네 가지 원칙에 관해 나와 이메일로 주고받은 내용을 자신의 친
구 23명에게 돌린 적도 있는 사람이다. 만약 당신이 매튜와 대화한다면 그는
10분도 안 되어 자신의 가계부 얘기를 늘어놓을 것이다. 늘 있는 일이다. 그래
서 내가 그를 좋아하기도 하고.)

앨리와 함께 가계부를 쓴다는 생각에 신이 난 매튜는 자신의 열
정이 그녀에게도 옮아가기를 바랐다. 그러던 어느 날 매튜는 친구

의 데스티네이션 웨딩destination wedding(하객이 휴가 겸 참석할 수 있도록 먼 나라나 섬 등 여행지에서 여는 결혼식 – 옮긴이) 청첩장을 받았고, 그는 앨리에게 와이냅이 얼마나 유용한지 보여 줄 때가 됐다고 생각했다. 친구의 결혼식까지는 6개월이 남아 있었다. 그곳을 다녀오는 데에 드는 비용은 1,000달러 정도로 예상되었고, 매튜는 이 비용을 여섯 덩어리로 나눠 매달 한 덩어리씩 가계부에 포함시켰다.

그리고 6개월 뒤, 앨리와 매튜는 장식 우산이 꽂힌 칵테일을 홀짝이면서 친구의 결혼식을 즐겼다. 둘은 여행 경비를 모두 충당할 수 있는 예산을 모았고, 비용이 필요할 때 준비된 돈을 쓰면 그만이었던 것이다. 매튜는 그때를 떠올리며 이렇게 말한다.

"앨리의 두 눈이 번쩍 뜨이더군요. 1,000달러나 되는 돈이 가뿐하게 준비된 걸 보고 깜짝 놀란 거죠. 엄청난 순간이었습니다."

매튜만큼 가계부 쓰기에 열성적이기는 힘들겠지만, 실제로 이 두 번째 원칙이 힘을 발휘하는 장면을 똑똑히 본 앨리는 네 가지 원칙을 바탕으로 한 가계부 쓰기에 동참하기로 마음먹었다.

비상금이 없어도 생활이 여유로워진다

●

두 번째 원칙의 또 다른 매력은, 이 원칙에 제대로 적응하고 나면 '비상 자금'이라는 개념이 쓸모없어진다는 사실이다. 자산 관리 전문가들은 수개월 치 돈을 어느 한곳에 모아 두고 손도 대지 못하게 해야 한다고 주장한다. 하지만 당신이 두 번째 원칙을 위해 따로 떼 놓은 돈 자체가 이미 비상 자금이다. 오히려 그보다 더 낫다. 돈마다 능동적으로 용도를 정해 뒀으므로, 뚜렷한 목적 없이 은행에 막연 히 모셔 둔 돈보다 준비에 훨씬 도움이 되기 때문이다.

바꿔 말해, 두 번째 원칙을 적용하면 '비상 상황'이라고 느끼는 경우가 줄어든다. 이미 계획을 세워 뒀으니 당연하다. 물론 실업자 가 된 상황에 대비할 자금도 필요 없다는 말은 아니다. 소득이 뚝 끊 길 때를 대비하는 건 현명한 판단이니 말이다. 하지만 이 경우에도 돈을 모아 대충 '비상 자금'이라고 이름 붙인 뒤 그냥 내버려 두지 는 말자. 미래에 발생할 비용들을 맡기는 것이다.

예를 들어 8개월 치 비상 자금을 확보했다면, 그 돈으로 8개월 치 실질 비용(매일 발생하는 비용, 매월 발생하는 비용, 불규칙적으로 발생하 는 비용 등 모든 비용)을 위한 예산을 계획한다. 여유분을 모으겠다고 마음먹었다면 돈이 들어오는 대로 몇 개월 후 발생할 비용들에 예 산을 배정한다. 다만 수입이 줄거나 끊길 때가 걱정된다면, 그때를 대비해 저축하되 용도 그대로 이름을 붙여라. 예를 들어 '수입 대체 자금'으로 삼으면 돈을 쓰고 싶은 충동이 생겨도 절대 건드리지 않 을 수 있다. 이렇게 저축한 돈은 막연한 비상금이 아니라 '정말 중 요한 역할'을 맡은 자금이라 본래의 의도를 잃지 않는다. 계좌에는 그저 뭉칫돈으로 쌓여 있으니 막연한 비상 자금과 다를 바 없어 보인다. 하지만 가계부에는 내역이 드러난다. 즉 한 푼 한 푼이 어디에 얼마나 쓰일지 적혀 있다. 이는 결국 네 번째 원칙 '돈을 묵혀라'와 통한다. 뒤에서 자세히 다룰 것이므로 핵심만 정리하자면, 실질적인 비용을 위해 예산을 잘 계획하면 그달 벌어 그달 먹고사는 삶에서 벗어날 수 있으니 수입이 끊겨도 위기가 덜하다는 것이다.

두 번째 원칙에 따라 계획한 예산에는 분명한 목적이 존재하므로 돈을 다른 곳으로 빼돌릴 확률도 줄어든다. 모아 놓은 돈이 병원비 예산이라면 그 돈으로 부모님의 생신 선물을 사겠다고 마음먹기는 훨씬 어렵다. 설령 어쩔 수 없이 그 돈으로 부모님의 선물을 사더라도 돈을 얼마나, 왜 다시 채워 넣어야 하는지를 이해하게 된다. 대가가 분명하기 때문이다.

수입이 불규칙할수록 가계부가 필요하다!

●

수입이 안정적이지 않은 사람은 가계부를 쓰려다가도 두 번째 원칙을 보고 겁에 질릴 수 있다. 그들은 자신이 처한 상황이 워낙 특수해서 가계부를 쓰기 힘들다고 말한다. 수입은 양적으로나 시기적으로나 늘 다른데, 먼 나중에나 닥칠 온갖 목표들에 돈이 새어나갈 걸 보자니 가계부가 너무 팍팍하게 느껴지는 것이다.

그래서 수입이 일정치 않은 사람들은 가계부를 쓸 생각도 않거나, 쓰더라도 돈이 더 들어오거나 덜 들어오는 시점에 관두고 만다. 이 책을 여기까지 읽은 당신은 가계부를 통한 재정 관리법이 유연할 수밖에 없다는 사실을 잘 알고 있겠지만, 수입이 불규칙한 이들에게 가계부는 여전히 숨 막히는 감옥처럼 느껴질지도 모른다.

하지만 그런 생각은 전부 오해다. 오히려 수입이 들쑥날쑥한 사람일수록 누구보다 가계부가 필요하다. 돈 관리를 잘 못해서가 아니라, 수입이 불규칙할 때 인생이나 일의 계획에 오차가 발생할 확률이 훨씬 높기 때문이다. 예를 들어, 거액의 청구서가 나오는 달이면 꼭 고객 하나가 돈을 제때 입금해 주지 않는다. 수입이 적은 달이면 오랜만에 어떤 비용이 청구되는 바람에 잔고를 쓸어 간다. 맡기로 했던 프로젝트는 연기되고, 꼼꼼하게 계획한 여행은 예상보다 비용이 더 나온다. 꼬박꼬박 나오는 월급에 기댈 수 있는 처지가 아니다 보니 작은 비용이라 해도 갑자기 발생하면 훨씬 압박이 크다. 이때 당신을 구해 줄 수 있는 존재가 바로 가계부다.

종종 많은 사람들이 모르고 지나치지만, 수입이 불규칙할 때 나타나는 또 다른 위험 한 가지는 수입이 많은 달에 경제적으로 풍족하다고 착각하기 쉽다는 점이다. 이런 시기에는 쉽게 방심하며 다음과 같이 생각한다.

'돈이 이렇게 넉넉한데, 그동안 뭘 걱정한 거지?'

그러다 보니 수입이 많은 달에는 중요한 돈 결정을 미루고 싶어지고, 현금을 안정적으로 관리할 기회도 놓치기 쉽다. 오히려 새 신발을 사도 될 정도로 상황이 괜찮은 것만 같다.

일반적인 현상이다. 불안정한 수입으로 생활하는 경우 삶은 보통 양극단을 오간다. 수입이 적은 달에는 패닉에 빠지고 수입이 많은 달에는 마음이 넉넉해진다. 마음이 널뛰기를 하느라 정신이 없어서 재정 상태를 파악할 여유가 거의 없다. 이럴 때 가계부가 정말로 중요하다. 가계부는 수입이 일관되지 않을 때 일관되게 돈을 관리할 수 있도록 돕는다.

수입이 1개월 간격으로 들어오지 않는 사람들에게 월 단위로 가계부를 관리해야 한다는 사실은 장벽이 될 수 있다. 가계부가 스스로에게 어울리지 않는다고 느낀다. 그러나 월 단위로 비용을 점검하는 방식은 목표와 의무를 체계적으로 정리하는 데에 굉장한 도움이 된다. 매달 발생하는 일반적인 비용을 계획하면서 더 큰 목표로 나아가는 속도를 조절할 수 있기 때문이다. 자신의 재정 상태가 어떤지도 명확히 파악할 수 있다. 오랜만에 큰돈이 들어오면 심리적으로는 여유 있게 느껴지지만, 그 돈으로 월 단위 예산 계획을 짜 보면 진짜 상황이 어떤지 드러나는 것이다.

어쩌면 돈이 쏟아져 들어온 수준이라 향후 6개월 정도는 돈 걱정을 아예 할 필요가 없을지도 모른다. 잘된 일이다. 특히 거액의 비용이 조만간 청구될 예정이라면 말이다. 단, 2개월 뒤에 등록금을 내야 하는데 다음 번 수입이 그 후에나 들어온다면, 적지 않은 '공돈'이 생기더라도 무작정 크루즈에 올라탈 일은 아니다. 그것이 정말로 공돈이 맞는지 확인해 보라. 진실을 알고 나면 잠시 마음이 상할 순 있지만, 당신의 삶은 더 나아질 것이다.

게다가 가계부를 쓰기 시작하면 그동안 돈의 흐름을 몰라 제대로 하지 못했던 결정도 쉽게 내릴 수 있다. 수입이 들쑥날쑥할 때는 결단력을 발휘해야 한다. 그러지 않으면 수입이 적은 달의 고통이 수입이 많은 달의 기쁨보다 훨씬 커진다. 재정 상태는 성난 롤러코스터 같을 수 있지만, 감정 변화까지 그럴 필요는 없다. 가계부를 사용하면 '기분이 괜찮다'라는 안정적인 흐름을 지나, '기분이 아주 좋다'는 상태가 결국 당신의 새로운 일상이 될 것이다.

반드시 필요한 빛인지 점검하기

●

나의 우선순위 목록에는 아이들의 대학 등록금에 대비한 저축이 빠져 있다. 아이가 여섯이지만, 나는 그중 한 명에게도 등록금을 지원해 줄 생각이 전혀 없다. 자녀의 대학 등록금을 의도적으로 준비하지 않는 부모가 나 혼자는 아니다. 팀 동료인 토드도 이유는 다르지만 등록금 저축을 하지 않고 있다.

내가 저축을 하지 않는 이유는, 아이들이 빚 없이 대학을 졸업하되 그냥 쌓여 있는 돈으로 등록금을 해결하기보다는 장학금과 가계부, 아르바이트를 활용해 스스로 학비를 낼 수 있는 법을 배우길 바라는 마음에서다. 학자금 대출에 대한 내 생각은 부정적이라 선택지에 넣지 않았다. 앞에서 이야기했듯 개인적으로 빚을 싫어하기도 하지만, 경제관념이 거의 없는 학생들에게 수만 달러에서 때로는 수십만 달러까지 대출을 받아야만 교육을 제대로 받을 수 있다고 하는 게 '사기'에 가깝다고 보기 때문이다. 게다가 대학을 졸업한 후에도 족히 10년은 돈을 상대로 주도권을 쥐지 못하게 만든다.

자녀를 도울 수 있는 최선의 방법은 학자금 대출이 유일한 선택지가 아니라는 사실을 알려 주는 것이다(나의 경우 특히 빚은 애초에 고려 사항조차 아니라고 말해 준다). 대학을 다니면서 아르바이트를 할 수도 있고, 장학금을 신청할 수도 있다. 학비가 비싼 대학이라고 꼭 제값을 하는 건 아니라는 점도 가르쳐 줄 수 있다. 대학을 선택할 때 고려해야 할 점들은 너무 많으니 여기서 제대로 다룰 순 없다. 핵심은 학자금 대출 말고도 선택지는 다양하다는 사실이다. 자녀들이 이 사실을 깨닫게 해 주자.

나의 동료인 토드가 대학 등록금을 저축하지 않겠다고 결정한 이유도 일리가 있다. 토드와 그의 부인 제시카는 자녀들의 등록금을 준비할 돈으로 지금 당장 가족과 더 많은 경험을 쌓는 게 더 낫다고 생각했다. 올해는 가족 다섯이서 프랑스에서 5주간 지내다 오느라 꽤 큰돈을 썼다.

토드 부부의 아이들은 각각 아홉 살, 열한 살, 열세 살로, 여행 경비를 학자금에 투자했다면 적어도 한 녀석의 한 학기 등록금은 충당할 수 있었을 것이다. 이는 충분히 가능한 계산으로, 조금씩 저축해 나가는 방식에는 장점이 많다(나 역시 멀리 내다보고 지금 행동하라고 권한 바 있다).

하지만 결국 둘 중 하나는 택해야 한다. 미래의 아이들 학자금을 조금이라도 더 모을지, 아니면 오늘 가족의 인생을 바꿀 만한 시간을 보낼지 선택해야 할 때 이들 부부는 언제나 '오늘의 모험'을 택할 것이다. 모험을 떠나면 얼마만큼 이득이고 손해인지를 계산기 두드려 판단하는 게 아니다. 토드와 제시카에게는 새로운 경험 자체가 가치 있는 우선순위다. 게다가 훗날 아이들 중 둘은 대학에서 장학금을 받고, 다른 하나는 대학에 진학하지 않고 사업을 시작하겠다고 한다면? 이들 가족은 소중한 인생 경험을 괜히 놓친 셈이 될 것이다.

실제로 토드의 딸 세이디는 비록 자기 이름의 등록금 통장은 없을지라도, 배운 지 몇 달 된 언어로 매일 빵집에 가서 가족이 먹을 빵을 직접 사 오는 경험을 했다. 가족 전체가 매일 새로운 환경에서 새로운 음식을 먹으며 새로운 방식으로 살아가고, 또다시 새로운 무언가를 기대했다. 매사추세츠주에 있는 작은 동네가 세상 전부는 아니라는 사실도 깨달았다. 올여름, 아이들 학자금에 수천 달러를 투자하면서 '동시에' 이런 경험을 즐길 수는 없었다.

토드의 가족은 기꺼이 한 가지 우선순위에 돈을 집중하기로 결정했다. 물론 당신은 이 판단에 얼마든지 반론을 제기할 수 있다. 하

지만 자신들의 가족을 생각하든 돈을 생각하든, 그렇게 하는 것이
이들 부부가 원하는 바였다.

중대한 결정의 순간에는 다른 누구도, 심지어 이 책을 쓴 나조차
도 당신에게 딱 맞는 조언을 해 줄 수 없다. 내가 제시하는 네 가지
원칙이 여러 선택지를 꼼꼼히 생각해 볼 틀은 되겠지만, 결국 선택
은 전적으로 당신 몫임을 기억하자.

원하는 인생을 만드는 예산 설계법

....

비용을 계산할 때 실질적인 비용까지 고려하는 습관을 가진 사람은 흔치 않다. 하지만 일단 그런 습관을 가지면 오히려 돈 문제로부터 자유로워질 수 있다. 어떤 청구서가 날아오든, 갑자기 큰돈이 나가든 크게 놀라지 않는다. 통장에 돈이 준비되어 있기 때문이다.

다시 한 번 정리하자면, 실질적인 비용은 크게 둘로 나눌 수 있다.

• **예측할 수 있는 비용**

: 자주 발생하지는 않지만 정확히 언제 얼마나 발생할지 알고 있는 비용이다. 대표적으로 보험료나 자동차 등록세가 있다. 지출이 크게 늘어나리라 예상되는 시기도 놓치지 말자. 크리스마스 시즌 쇼핑 비용, 아이들 여름 캠프 비용, 신학기맞이 아이들 새 옷 구입비 등이 포함된다. 비용이 정해져 있지 않더라도 스스로 지출 목표를 정한 뒤 해당 금액을 월 단위로 나눠서 1년간 예산을 준비하자.

• **예측할 수 없지만 피할 수도 없는 비용**

: 자동차 수리비, 충동적으로 낸 기부금, 결혼식 선물 비용 등이다.

두 번째 원칙은 인생의 목표를 이루고 싶을 때도 힘을 발휘한다. 당신은 사업을 시작하고 싶은가, 혹은 새 자동차를 사고 싶은가? 아니면 배낭여행을 떠나고 싶은가? 당신의 인생을 만족스럽게 해 줄 일이라면 무엇이든 좋다. 그것을 목표로 세우고 매달 감당할 수 있는 금액으로 나눠서, 당신이 살고 싶은 인생을 위해 꾸준히 투자하라.

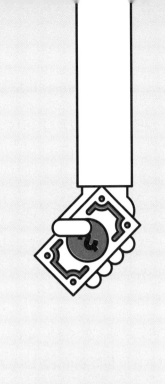

4장

세 번째 원칙,

유연하게
대처하라

한 푼 아낀 것은
한 푼 번 것이나 마찬가지다.

벤저민 프랭클린

실험을 하나 해 보자. 이번 주 금요일에 뭘 할지 시간 단위로 정확히 계획을 세워 놓고, 금요일에 그 계획이 얼마나 충실히 지켜지는지 확인해 보는 것이다.

사실 금요일까지 기다리지 않아도 결과가 어떨지 우리는 알고 있다. 계획은 바뀔 것이다. 아침부터 뜻하지 않은 일들로 출근 시간부터가 어그러진다. 드라이 맡긴 옷을 찾아올 생각이었지만 세탁소 가는 길에 이웃이 짐을 옮기느라 낑낑대는 걸 보고 한참을 돕게 된다. 저녁에는 근처 공원에 운동을 나가려 했는데 비가 오는 바람에 그냥 집에서 TV를 보며 빨래를 한다. 무슨 일이든 일어날 수 있고, 또 일어날 것이다. 삶은 계획대로 움직이지 않기 때문이다.

그럼 차라리 계획을 세우지 말아야 할까? 그렇진 않다. '현실'과 '계획' 사이의 차이는 당신이 계획을 어떤 식으로 바라보는지에 따라 달라지기 때문이다.

반드시 계획을 지킬 필요는 없다

●

우선, 당신은 무계획이 계획이라는 듯 생각이 떠오르는 대로 움직일 수도 있다. 자신이 정말로 이루고 싶은 목표와 상관없이 무슨 일이든 충동적으로 행한다. 이런 식으로는 무언가를 이뤄 낼 확률이 희박하다. 계획을 세우고 바로 잊어버려도 마찬가지다. 금요일을 아무렇게나 보내다가 날이 어두워지고 나서야 하루가 어디로 어떻게 지나갔는지 의아해지곤 한다.

반대로, 결과가 어떻든 일분일초 단위로 계획에 집착하다가는 분명 스트레스를 받고 불행해진다. 매시간 계획대로 흘러가는지 하루만 바짝 감시를 해 봐도 금방 지칠 것이다. 게다가 그렇게 한다고 해서 계획을 다 지킬 수 있는 것도 아니다. 늘 생각지 못한 일이 터진다.

이를테면 아침에 방에서 나가다 머그잔을 쳐서 떨어뜨린다(그대로 두면 키우는 고양이가 관심을 보일 테니 내버려 둘 수 없다). 근무 중에 여동생과 문자를 주고받느라 정신이 팔려 업무가 꼬인다(휴대전화에 관심을 끄는 법을 좀 배워야 할 텐데). 절친한 친구에게서 연락이 왔는데 드디어 진급했다며 신이 나 있다. 근처에서 만나 점심이라도 같이 먹으면서 축하해 줘야 할 것 같다(원래는 헬스클럽에 가려고 했는데!).

당신도 공감할 것이다. 시간을 일분일초로 관리한다는 건 말이 안 된다. 하루는 예측한 대로 정확히 흘러가지 않으며 당신이 완벽주의자가 아닌 이상 그 사실을 크게 신경 쓰지도 않을 것이다. 그러나 비록 계획이 바뀐다 하더라도 어쨌든 계획이 있어야 목표를 이룰 확률이 높아지는 것은 분명하다.

바로 이 지점에서 예산 계획을 바라봐야 한다. 즉 가계부가 유연한 계획임을 이해해야 하는 것이다. 안타깝게도 많은 사람들이 예산 계획을 바꾸면 가계부를 제대로 쓰는 게 아니라 꼼수를 부리는 것이라고 느낀다. 하지만 이는 완전 잘못된 생각이다.

'유연하게 대처하라'라는 세 번째 원칙은 어떤 일이 벌어지든 가계부를 그에 맞게 조정할 수 있도록 도와준다. 가계부는 당신의 삶을 반영하는 계획이다. 그러니 삶과 마찬가지로 계획(가계부) 역시 바뀔 수 있다. 다시 한 번 강조하는데, 가계부를 수정해도 괜찮다. 아, 잘못 말했다(이럴 때도 고쳐야지). "가계부는 '반드시' 수정해야 한다." 계획대로 살고 싶다면 말이다.

이전에 가계부를 제대로 관리하지 못하던 사람들이 와이냅으로 성공하는 주된 이유 중 하나가 유연성 덕분이다. 다른 온갖 가계부 애플리케이션, 자산 관리 프로그램, 그리고 자산 관리 전문가는 당신이 기존 계획에서 벗어나는 순간 패배감에 빠지게 한다. 하지만 세 번째 원칙은 그렇지 않다. 이 원칙은 스프레드시트에 갇혀 있던 가계부를 현실 세계로 끄집어낼 것이다.

일단 쓰고 수정하라

●

가계부를 수정하는 일이 실패처럼 느껴지는 것이 당신 탓은 아니다. 자산 관리법을 가르쳐 준다는 이들의 조언이 대부분 '절제'라는 개념을 강조하기 때문이다. 커피는 웬만하면 직접 내려 마셔라, 쇼핑하지 말고 옷장을 뒤져라, 외식하지 마라 등등. 그러니 계획을 바꿀 때마다 참을성 점수가 1점씩 깎이는 기분이다. 가계부의 내용을 책임지지 않으면 결코 성공할 수 없다고 여기게 된다.

물론 책임감은 중요하지만, '책임감'이 실제로 무엇을 의미하는지 분명히 파악할 필요가 있다. 책임감이란, 자신이 내린 결정이 어떤 현실을 초래하더라도 마주할 줄 아는 마음을 가리킨다. 사실 가계부를 수정하는 것만큼 책임감 있는 태도는 없다(중요한 문장이니 한 번 더 읽어 보길). 외식을 하는 데 계획보다 돈을 많이 써서 여행 자금 같은 다른 우선순위에서 예산을 빼 와야 한다면, 그것이야말로 책임지는 태도. 계획보다 많은 지출을 했을 때 다른 목표로부터 그만큼 멀어진다는 현실을 마주하는 것이다. 그것은 실패가 아니다. 우선순위를 재조정하는 것이다.

가계부에 기록한 모든 항목을 책임질 수는 없다. 이는 지난주에 짜 놓은 시간 단위 계획표를 계속 붙들고 있는 것이나 마찬가지다. 현실은 다를 수밖에 없다. 정말로 책임져야 할 핵심은 가지고 있는 돈과 나가는 돈 사이의 균형을 맞추는 일이다.

살다 보면, 배정한 예산을 다른 우선순위로 옮기고 싶거나 또는 옮겨야만 할 때가 있다. 이때 기억해야 할 전제는 돈이 무한하지 않다는 사실이다. 따라서 어떤 항목에서 계획보다 돈을 많이 썼다면 다른 항목에서 그만큼 끌어와야 한다. 달리 돈을 구할 데가 없기 때문이다(빚을 내는 건 생각도 말자).

이런 식으로 큰 그림을 그려야 계속 가계부를 관리하면서 목표로 나아갈 수 있다. 오후 3시 정각에 딱 맞춰 세탁물을 찾아오진 않듯, 이번 달에 여행 자금으로 500달러를 저축하기로 했지만 그러지 못할 수도 있다. 하지만 그런 계획을 가진 덕분에 300달러는 모았을지도 모른다. 애초에 계획을 세우지 않았다면 그 돈조차 중국집 배달 음식과 아이튠즈 결제(둘 다 그리 중요한 우선순위는 아닐 것이다)로 들어갔을 것이다. 마찬가지로, 세탁물을 찾을 계획 자체를 세우지 않았다면 당신의 재킷은 아직도 세탁소 옷걸이에 매달려 있을 것이다. 결국 중요한 건 목표다. 계속 목표를 향해 나아가려고 노력하는 한 당신은 지금도 성공하고 있는 셈이다.

큰 목표를 이루려고 최선을 다하는 사람이 그 과정에서 계획을 조정하는 것은 자연스러운 일이다. 농구 팀 코치는 전반전이 끝나고 쉬는 시간에 작전을 변경하며, 체스 선수도 상대가 어떤 식으로 방어하는지 확인한 뒤 전략을 수정한다. 혹시 당신이 게임을 즐기는지 모르겠지만, '와우World of Warcraft' 유저라면 레이드를 하다 잘 안 풀릴 때 치료해 주는 힐러를 두 명 대신 세 명 데리고 가 보기도 한다(게임을 안 한다면 그냥 걸러 들으면 된다). 어떤 상황이든, 일처리를 잘하는 사람에게 융통성을 기대하지 않는다는 건 결코 있을 수 없다. 그런데도 가계부를 새로운 정보에 맞춰 수정하는 것을 실패라고 단정할 수 있을까?

돈이 곧 시간, 시간이 곧 돈!

아직도 가계부를 고치는 게 반칙처럼 느껴지는가? 돈을 시간처럼 여길 수 있는 방법을 하나 더 살펴보자. 당신이 고객에게서 어떤 일을 부탁받는데, 데드라인이 세 시간 뒤라고 해 보자. 이 일에는 일곱 개 업무가 걸려 있다. 기한을 연장할 수는 없다. 딱 세 시간 남았다. 이제 당신은 계획을 세운 뒤 업무를 하나하나 처리해 나간다.

그런데 갑자기 업무 하나가 예상보다 많은 시간을 잡아먹는다. 당신은 계획을 조정한다. 시간을 늘릴 수는 없으니 업무 두 개를 생략하기로 한 것이다. 나머지 업무를 완수한 뒤 당신은 일의 결과물을 고객에게 전해 준다. 고객은 크게 만족한다. 생략한 두 업무는 어차피 크게 중요치 않았고, 당신은 기한을 지켜야 한다는 책임을 잊지 않았다.

가계부도 이와 마찬가지다. 당신은 이미 가지고 있는 돈으로만 예산을 관리해야 하며, 이는 결코 바꿀 수 없는 전제다. 삶(고객이 맡긴 일)이 변화를 요구할 때, 한정된 돈을 중심으로 변화에 적응하는 것은 분명 지혜로운 일이다.

돈 앞에서는 더욱 솔직해져라

●

세 번째 원칙은 당신의 가계부에 자유로움은 물론 솔직함도 적당량 더해 준다. 필요하다면 얼마든지 가계부를 수정해도 좋다. 하지만 그때마다 반복적으로 나타나는 습관은 없는지 주의하라. 자꾸 가계부를 고치는 이유가 특정 항목에서 매번 계획보다 많은 비용을 사용하고 있기 때문이라면, 애초에 자신에게 솔직하지 못한 채로 예산 계획을 세웠다는 뜻이다.

습관적으로 가계부를 고치고 있다면, 어떤 일을 한 달 내내 '오늘 할 일' 목록에 올려놓는 것과 같다. 오늘은커녕 이번 주 안에도 옷장을 정리할 생각이 없다면, '옷장 정리' 항목을 목록에서 빼거나 우선순위를 재평가해야 한다. 그러지 않으면 할 일이 리스트에 그대로 남아 계속 실패하고 있다는 찝찝한 느낌이 들 것이다.

다섯 식구 식비로 한 달에 400달러만 쓰고 싶더라도 매월 그 이상이 든다면 400달러가 지금 현실과는 맞지 않는 것이다. 가족의 필요를 고려해 식비에 예산을 더 배정해야 한다는 뜻일 수 있다. 또는 400달러 예산에 맞출 수 있도록 식품 쇼핑 전략을 바꿔야 할 수도 있다. 만약 유기농 식재료를 사야겠다면 전략만 바꾸는 것으로는 충분치 않을 것이다(물론 당신이 선택한 결과다).

줄리와 나는 지난 10년간 거의 매달을 식비에 초과 지출을 했다. 계획대로 식비를 지출한 달이 열 번에 한 번꼴도 안 된다. 월초만 되면 매번 이번 달은 다를 거라는 착각 속에서 식비 예산을 정했다. 특히 난 쿠폰 몇 장을 더 모으거나 마트 전단지만 꼼꼼히 확인하면 충분히 목표를 달성할 수 있다고 확신했다. 정확히는 식비 담당인 아내가 그렇게 해 줄 거라고 생각했다. 우리 둘 다 신혼 시절에 허리띠를 꽉 졸라매긴 했지만 식비를 더 효율적으로 쓰는 사람은 줄리였기 때문이다. 우리는 아이들이 하나둘 태어날 것을 고려해 기존 지출 패턴에 여유 비용을 더해 가는 식으로 식비 예산을 정했다. 지난 몇 년 동안은 잘 먹힌 방법이었다.

그런데 왜 요즘은 목표대로 지출이 이루어지지 않는지 나는 좀 의아했다. 예산 회의를 하던 어느 날 밤, 마침내 양파 껍질이 벗겨지듯 진실이 드러났다. 줄리가 '식비 후려치기 여왕' 자리에서 내려왔던 것이었다. 돈이 없고 아이도 없을 때는 최대한 아껴 쓰려 애썼지만, 이제 그녀는 굳이 한두 푼 가지고 고민하거나 악착같이 식비를 줄이고 싶지 않아 했다. 요즘은 마트에 아이들을 데리고 다니면서 소란 없이 쇼핑을 마칠 수만 있다면 그걸로 성공한 기분이었다. 아내는 말했다. "옥수수 통조림이 얼마 하는지는 별 관심이 없어." 그녀의 우선순위는 그저 마트를 평화롭게 다녀오는 일이었다.

나는 그제야 상황을 이해했다. 무려 10년 만에 진실을 알아냈지만, 어쨌든 답을 찾았다. 우리는 결혼 직후처럼 경제적으로 빡빡한 처지가 아니었다. 식비를 올릴 돈을 갖고 있었고, 무엇보다 줄리에게 그만한 여유가 필요했다.

변화가 필요하다는 사실을 솔직하게 인정하는 것만으로도 커다란 해방감이 찾아왔다. 식비에 더 많은 예산을 배정하기 시작하자 줄리와 내가 느끼던 긴장감은 사라졌다. 우리 부부는 지금도 늘 세 번째 원칙을 적용하고 있다. 단, 다짐대로 이루어지지 않을 게 뻔한 일이 아니라 정말로 갑작스러운 상황에 대처하기 위해서 말이다.

우선순위는 인생을 설계하는 순서

●

'유연하게 대처하라'는 원칙이 계획보다 지출이 많아서 예산을 조정해야 할 때만 필요한 건 아니다. 때로는 삶이 느닷없이 던져 주는 시련에 맞서기 위해 예산 계획을 수정해야 한다.

말하자면, 집 어딘가에 물이 샐 수도 있고 새 노트북에 커피를 쏟을 수도 있다. 아니면 불현듯 전화를 걸어온 여동생이 15분 뒤에 도착한다며 당분간 먹여 주고 재워 달라고 할지도 모른다.

두 번째 원칙을 꾸준히 지켜 왔다면 당신에게는 갑작스러운 비용을 지불할 돈이 모여 있을 것이다. 하지만 너무 많은 비용들이 예상보다 빨리 청구되는 바람에 계획이 완전히 어그러질 수 있다. 이때는 계획을 살리기 위해 온갖 항목에서 돈을 쥐어짜야 한다. 그러지 않으면 우선순위에 있지도 않던 일에 나가는 비용 앞에서 눈물을 머금을지도 모른다.

위기가 닥쳤을 때 잊지 말아야 할 것

●

이런 큰 위기가 닥칠 때 기억해야 할 것이 있다. 비록 그 위기가 당신의 우선순위 레이더에 포착되진 않았지만, 가계부를 움직이는 원동력, 즉 당신의 '가치관'을 반영한다는 사실이다. 우선순위는 쉽게 달라질 수 있다. 반면에 우리의 가치관은 그렇지 않다. 때때로 우리는 가치관이 자신을 이끌고 있다는 사실을 알아차리지도 못한다. 다만 어떤 판단이 옳다거나 결코 포기할 수 없다고 느낄 뿐이다.

예를 들어, 당신은 평소 가족을 매우 소중히 여기는 사람일 수 있다. 그래서 여동생이 자기 집의 곰팡이를 제거할 동안 식구들을 데려와 신세를 져도 되겠냐고 부탁하면 흔쾌히 허락한다. 두 번째 원칙을 적용할 때 동생네 가족이 들이닥치는 상황까지 고려하지는 못했겠지만, 당신의 가치관 덕분에 여동생을 돕는 일이 중요한 우선순위가 된 것이다. 따라서 당신은 다른 항목에서 돈을 짜낼 방법을 찾는다. 가계부는 이전과 크게 달라지고, 지키기도 쉽지 않다. 하지만 이전의 가계부든 지금의 가계부든, 그 근원에는 똑같은 가치관이 자리 잡고 있다.

이뿐만이 아니다. 지극히 사소해 보이는 문제를 결정할 때도 가치관이 영향을 미칠 수 있다. 나의 동료인 토드는 최근에 집 창고 문이 고장 나서 골머리를 앓고 있다. 아무리 애를 써도 문은 꼼짝하지 않았다. 하루 전만 해도 그는 창고 문을 바꾸는 게 우선순위일 거라고는 생각지 못했다. 그런데 이제는 그것이 가계부 맨 위까지 치고 올라왔다. 이 경우에도 토드 가족의 가계부에 바탕이 되는 가치관(안전, 좋은 집, 교육받을 기회, 여행 다닐 기회, 건강, 영양가 있는 식사 등)은 변하지 않았다. 가계부가 변했을 따름이다.

또한 가치관은 위기가 닥쳤을 때 당신이 과연 어디까지 타협할 수 있는지도 결정해 준다. 그 위기가 당신에게 어느 정도의 무게인지 결정하게 해 주는 셈이다. 커피를 엎지르는 바람에 새로 산 맥북 프로가 먹통이 되었다고 해 보자. 그 노트북을 개인적인 용도로 구입한 경우라면, 수리비 때문에 속상하긴 해도 해프닝 정도에 그칠 것이다. 그런데 프리랜서인 당신이 일을 할 때 노트북이 꼭 필요해서 산 경우라면 어떨까? 수리하거나 새로 구입하지 않는 이상 가계 수입을 벌어들일 수 없다는 뜻이 된다. 한순간에 이는 타협할 수 없는 문제로 바뀐다. 좀 더 저렴한 노트북을 구할 수는 있겠지만, 안정

적인 수입을 얻는 게 중요한 가치이므로 어쨌든 새 노트북을 사야
한다. 우선순위는 바뀌었지만 가치관은 그대로다.

큰 위기에 부딪힐 때

트레이시와 댄은 가계부를 쓰며 돈 관리를 하면서 꽤 큰 목표들을
달성해 왔다. 두 사람은 빚 5만 달러를 갚았고 결혼식에 대비해 2만
5,000달러를 저축했다(이들의 자세한 이야기는 200쪽을 참조하자).
결혼 직후 두 사람은 빚을 갚는 건 잠시 멈추고 다른 중요한 목표에
집중했다. 충분한 비상 자금을 모으는 일이었다. 하지만 그리 오래
저축하지는 못했다. 매달 2,000달러씩 6개월을 모았을 즈음 짧은
결혼 생활에서 최대의 시련에 마주쳤기 때문이다. 결혼 7개월 만인
2016년 5월, 트레이시가 해고를 당한 것이었다.

트레이시는 그때를 떠올리며 이렇게 말한다.

"절망적이었어요. 수입이 40퍼센트나 줄었거든요. 하지만 남편은
우리가 차근차근 대비를 했으니 괜찮을 거라고 계속 안심을 시켜
줬어요."

비상 자금이 준비되어 있었지만, 두 사람은 목표를 이루기 위해 수
입보다 적은 돈으로 생활하는 데 이미 익숙했기 때문에 비상 자금
은 건드리지도 않았다.

"우린 지출을 조정해서 유연하게 대처할 필요가 있었죠. 저축도 그
만뒀습니다. 그런데 그러고 나니 비상 자금을 깎아 먹을 필요가 없

었어요. 엄청난 일이었죠. 그만큼 모으느라 그토록 고생했으니까, 정말 쓰고 싶지 않았거든요!"

매달 저축하던 비용 2,000달러를 줄인 것이 가장 큰 변화였다. 용돈도 절반으로 줄였다. 게다가 옷, 여가, 외식, 반려견을 키우는 데드는 비용 등 다른 항목에서도 조금씩 줄였더니 생활이 전과 달라졌다는 느낌이 별로 들지 않았다. 또 부부는 트레이시가 몰던 차를 판 뒤 그 돈에 다른 역할을 맡겼다. 트레이시가 차로 출퇴근할 일이 없어진 데다 댄도 재택근무를 했기에 두 사람이 차를 공유하면 되었다. 결국 자동차 보험료와 주유비도 절반으로 줄었다. 트레이시는 꼭 옷을 사야 하는 상황에는 중고 매장에서 쇼핑을 했고, 특별한 자리에 참석해야 하는 경우에는 가족에게 옷을 빌렸다. 신용카드의 포인트를 활용해 여분의 현금을 만드는 것도 잊지 않았다.

트레이시와 댄의 경험을 보면, 가계부를 오래 쓸수록 경제적인 위기로부터 피해를 덜 입는다는 사실을 확인할 수 있다. 아무리 혹독한 시련이 닥치더라도 첫 번째 원칙과 두 번째 원칙은 당신이 유연하게 대처할 수 있도록 도와준다.

• 첫 번째 원칙은 돈을 꼭 써야 할 때 제때 적절하게 쓰게 해 준다
• 두 번째 원칙을 오랜 시간 적용했다면 실직 자금을 따로 준비하지 않았더라도 이미 돈은 충분히 모여 있을 것이다

그러니 위기를 극복하기 위해 꼭 해야 할 일을 계속하면서 가계부를 관리해 나가라. 위기를 발판 삼아 목표를 향해 나아갈 힘을 얻어라. 다음번 위기가 닥칠 때는 타격이 그리 크지 않을 것이다. 이 원칙들 덕분에 당신에게는 작지만 튼튼한 안전망이 마련되어 있을 테니 말이다.

가장 중요한 것을 지켜 주는 힘

●

이번에는 존 데일과 에이미 가족을 만나보자. 이들의 이야기는 책 곳곳에 등장하니 앞으로도 여러 번 만날 것이다. 우선 병원비 4만 달러 얘기로 시작해 보자. 그렇다. 이들이 한 번에 현금으로 내야 하는 돈이 4만 달러였다.

2016년 1월, 아홉 살 딸 애스펀은 몸 상태가 심상치 않았다. 몇 주 동안 몸무게가 4킬로그램이 넘게 줄었고 내내 아파했다. 부모인 존과 에이미는 응급실에 딸을 데려간 뒤 충격적인 소식을 들었다. 애스펀이 제1형 당뇨였던 것이다.

그날 밤 이후로 데일 가족의 삶은 급격한 변화를 겪었다. 경제적으로는, 애스펀의 삶을 평생 따라다닐 병원비가 청구되기 시작했다. 의료보험에서 보상비가 나오긴 했지만 어쨌든 병원비를 선불로 지불해야 하는 상황이었다. 현금 지출이 크다는 뜻이었다.

처음 애스펀에게 인슐린 주사를 맞히느라 쓴 비용이 1,000달러였다. 인슐린, 주사기, 혈당검사지는 아직까지도 이들의 구매 목록에서 꾸준히 우선순위를 지키고 있다. 하루에도 여러 차례 받아야 하는 혈액검사도 한 번에 몇 달러는 나왔다. 혈액검사비만 600달러, 응급실에 갔다가 그 후 중환자실에 3일 동안 입원한 비용이 무려 4만 달러였다.

다행히도 응급실과 병원 측에서는 데일 가족이 현금을 쓰지 않고 이 비용을 한 번에 지불할 수 있도록 보험료가 나올 때까지 기다려 주겠다고 했다. 더 다행인 점은, 이런 일이 벌어질 당시 데일 가족은 와이냅의 네 가지 원칙을 수년간 지켜 온 상황이었다는 것이다. 갑작스러운 만성질환에 대비한 자금은 아니었지만, 다른 항목에 쌓아 둔 여유 자금을 병원비로 활용할 수 있었다. 물론 계획을 바꾼 것이다. 하지만 그 덕에 당장 갖고 있는 현금만으로 (4만 달러를 제외한) 병원비를 충당할 수 있었다.

게다가 존은 프리랜서로 일하고 있었는데 마침 그의 주요 고객 중 한 사람이 연간 계약을 맺어 주었다. 너무나 감사하게도 그 고객은 존의 딸이 당뇨 진단을 받아 존이 일을 쉬는 동안에도 임금을 보내 줬다. 가계부 역시 버팀목이 되었다. 데일 가족은 지난달 수입으로 생활하는 습관(5장에서 자세히 다룬다)을 갖고 있어서 당장 새로 조정된 지출에 맞춰 살려고 아등바등할 필요가 없었다. 애스펀의 건강 문제는 가족 모두에게 큰 충격이었으므로, 가계부를 조정해 돈 걱정 없이 가족이 함께할 수 있다는 사실은 기적처럼 느껴졌다.

데일 가족의 가계부는 애스펀이 당뇨 진단을 받기 전과는 많이 달라졌다. 애스펀을 위한 의료보험을 따로 가입해 뒀고, 보험료는 순전히 자신들의 수입으로 해결하고 있다. 이 보험에는 전액 보상해 주는 비용과 70퍼센트만 보상해 주는 비용이 있는데, 결과적으로 데일 부부의 주머니에서 나가는 의료비는 1년에 약 7,000달러이며 이는 가계부에도 잘 계획되어 있다.

이들 부부는 자신의 딸아이가 당뇨를 진단받으리라고는 전혀 예상하지 못했다. 그럼에도 적어도 금전적으로는 어떤 식으로든 온전히 준비되어 있었다. 돈 걱정이 없으니 부부는 애스펀을 포함한 자녀들에게 마음 편히 집중할 수 있었다. 물론 곧 달성할 것 같던 다른 장기적인 목표들로부터 다시 몇 년 멀어지긴 했지만, 앞에서 토드의 차고 문이 고장 났을 때처럼 데일 가족의 가계부는 여전히 그들의 가치관을 반영하고 있었다. 가족을 돌보는 것 말이다.

네 가지 원칙의 기본

●

이미 밝혔듯, 네 가지 원칙 모두 적용되는 시나리오만 다를 뿐 결국 첫 번째 원칙과 같다. 결국 세 번째 원칙도 첫 번째 원칙과 마찬가지다. 단지 한 달 내내 적용될 뿐이다. 매월 1일은 물론 삶이 어떻게 흘러가는지에 따라 언제든 계속 돈에 역할을 맡기는 것이다.

세 번째 원칙의 핵심은, 앞서 살펴본 트레이시나 데일 가족의 경우처럼 극단적인 상황이 닥치더라도 넓은 시야로 가지고 있는 돈을 바라보면서 '내 돈으로 날 위해 뭘 하고 싶지?'라고 생각하는 것이다. 그러고 나서 예산을 이리저리 옮기면 된다. 새로 계획을 세우는 것이다.

그처럼 '움직임'이 관련되어 있기에 나는 세 번째 원칙에 '유연하게 대처하라'는 이름을 붙였다. 기본적인 아이디어는 복싱에서 떠올렸다. 복서는 상대가 펀치를 날릴 때 쉼 없이 움직여야 맞을 확률이 줄어든다. 앞에서 무엇이 날아오는지를 보고 상하좌우로 이동하면서 계속 자세를 고쳐 잡아야 한다. 혹시 펀치를 맞더라도 주먹을 흘리듯 부드럽게 움직이면 아픔이 덜하다. 가만히 서 있는 순간이 녹다운 당하기 딱 좋은 때다.

복싱만 관련 있는 게 아니다. 가계부에 대해 생각할 때면 나는 자주 스포츠 종목을 떠올리곤 한다. 가계부를 작성하는 것도 '활동'이기 때문이다. 상대의 공격을 피하든 경기 작전을 세우든, 큰 목표를 달성하려면 늘 전략을 세우고 변수에 대처하려 노력해야 한다. 한편, 다른 도전적인 활동과 마찬가지로 가계부를 쓰는 과정에서도 스스로를 돌볼 줄 알아야 최선을 다할 수 있다. 그러므로 자기 자신을 아끼고, 가치관을 굽히지 않으며, 인생 목표를 잊지 않고 늘 마음에 새기자.

변화를 받아들이지 않으면 결국 포기하고 만다. 예측한 비용보다 높은 금액이 찍힌 청구서가 손에 들려 있다면 달리 어떤 선택지가 있겠는가? 유연하게 대처해 계획을 다시 세우거나, 그게 아니면 "난 가계부랑 안 맞아" 하며 접을 수밖에 없다. 포기하면 편하다고 느낄지도 모른다. 하지만 여기까지 읽은 당신이라면, 가계부를 그리 쉽게 놓지는 않을 것이다.

실패한 것이 아니라 유연하게 대처한 것

다음의 문장을 따라 읽어 보라.

"가계부를 고친다고 실패한 게 아니다."

계획보다 지출을 많이 했다고, 혹은 저축해 두지 않은 비용이 갑자기 발생했다고 해서 걱정하지 말자. 가계부는 현실의 삶을 반영할 수 있어야 한다. 인생에 계획대로 이루어지는 게 어디 있던가? 그저 유연하게 대처하고 계속 나아가라.

그리고 기억하라. 이루고 싶은 목표를 다 이루지는 못하더라도 가계부는 여전히 당신의 가치관을 반영할 수 있다. 어린이 야구단 등록비로 갑작스레 100달러가 청구된다면 의복비나 외식비 등 다른 항목에서 예산을 끌어다 쓰면 된다. 당신이 가치 있게 여기는 목표가 가족이 야외 활동을 즐기는 것이라면 말이다. 그러니 실패한 게 아니다. 당신의 실제 삶에 맞춰 가계부를 고쳐 쓴 것이다.

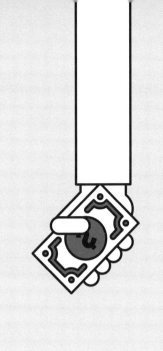

5장

네 번째 원칙,

돈을 묵혀라

신은 인간을 낳고, 옷은 인간을 꾸민다.
돈은 인간을 완성시킨다.

존 레이

누구나 돈 걱정을 지금보다 덜하게 되기를 바란다. 그것이 가계부를 작성하는 큰 이유이기도 하다. 그렇다면 정확히 어느 시점이 되어야 "돈 걱정에서 벗어났다!" 하고 선언할 수 있을까? 안심해도 되는 때는 언제일까?

통장에 돈이 한 무더기 쌓여 있을 때? 지금 당신을 약 올리나 싶겠지만, 통장에 돈이 수북이 쌓여 있으면 누구든 걱정이 싹 가시고 기분도 좋아진다. 목돈이 있다는 건 분명 좋은 출발 지점에 있다는 뜻이며, 그 금액이 이전보다 크다면 더 좋은 출발 지점에 있다는 것이다. 그러나 돈이 발휘하는 힘은 그 돈이 통장에 얼마나 오래 들어 있었는지, 또 얼마나 오래 들어 있을 것 같은지에 달려 있다. 어차피 다음 번 청구서가 몰려올 때 그 돈이 다 사라질 예정이라면, 없어진 줄 알았던 돈 걱정이 사실은 바로 뒤에 바짝 쫓아오고 있는 셈이다. 그러므로 이전보다 많은 돈을 쌓는 것이 중요하다.

하지만 액수 자체가 핵심은 아니다. 주변 사람이 쌓아 둔 돈의 액수가 기준이 되어서도 안 된다. 중요한 건 '다음 번 월급이 들어오지 않아도 아무 문제가 없을 만큼 돈을 충분히 갖고 있는가'이다.

네 번째 원칙인 '돈을 묵혀라'는 다음 월급이 들어오지 않아도 되는 수준까지 당신의 생활 수준을 끌어올린다. 와이냅을 돈 걱정을 끝내는 과정으로 본다면, 바로 이 네 번째 원칙부터 안도감 지속 단계가 시작된다고 할 수 있다. 이 원칙은 말 그대로 돈을 '무더기'로 쌓아서, 당신이 각종 비용을 장기간 감당할 수 있도록 도와준다. 그게 얼마나 긴 기간일지는 순전히 당신에게 달려 있다. 돈을 오래 묵히면 묵힐수록 돈 걱정은 더 줄어든다. 어느 순간부터는 돈 걱정을 까맣게 잊을 것이다.

돈을 묵혀야 하는 이유

●

대학교 구내식당에 있던 시리얼 디스펜서(손잡이나 단추 등을 눌러 내용물을 꺼내는 기계 – 옮긴이)를 기억하는가? 학교에서 밤늦게 공부를 해야 할 때라든가 저녁 메뉴로 나온 고기가 대체 뭘로 만든 건지 정체를 알 수 없을 때, 시리얼 디스펜서가 알록달록하게 줄지어 있는 걸 보면 오아시스를 발견한 기분이었다.

학교에 디스펜서가 없었다면, 흔히 마트에서 너트나 사탕을 무게 단위로 배분해 주는 디스펜서를 떠올리면 된다. 아니면 대형 농장에 있는 곡물 저장기도 좋고.

어느 쪽이든 전부 원리는 같다. 통에 시리얼(혹은 젤리나 곡물)을 더 채워 넣으면 먼저 들어 있던 시리얼 위에 새로운 시리얼이 쌓인다. 먹으려고 시리얼을 빼내면 아래쪽이 먼저 나오고 새로 넣은 시리얼은 그만큼 내려간다. 이 과정이 반복된다. 맨 위에는 가장 나중에 넣은 시리얼이, 바닥에는 가장 먼저 넣은 시리얼이 있게 된다.

통이 채워지는 속도보다 빠르게 시리얼을 먹다 보면 언젠가 시리얼은 다 떨어진다. 다른 데서 꺼내 먹을 수 있다면 별문제가 아니다. 하지만 당신이 곡물 저장기가 하나뿐인 마을에 살고 있다면 어떨까? 식량 공급원이 그게 전부라면 통이 비는 건 심각한 문제다.

식량이 바닥나는 상황을 피할 수 있는 가장 좋은 방법은 매일 통에 들어오는 양보다 적게 꺼내 먹는 것이다. 이 과정을 꾸준히 반복하면 남은 식량이 쌓여 여유분이 만들어진다. 매일 꼭대기에 식량이 새로 쌓일 때마다 남아 있던 부분은 천천히 아래로 내려간다.

지금 먹고 있는 시리얼이 오늘 혹은 기껏해야 어제 채워 넣은 시리얼이라면 낭떠러지에서 간신히 버티고 있는 것이나 다름없다. 시리얼을 하루만 채우지 못해도 통은 텅 빌 테니 말이다.

하지만 열흘 전에 채워 넣은 시리얼을 먹고 있다면(방부제가 잔뜩 들어서 열흘 정도는 거뜬히 버틸 것이므로 걱정 말자), 새로 채워 넣은 시리얼을 먹을 때까지는 열흘쯤 여유가 있다는 뜻이다. 시리얼을 채워 넣은 시점과 그 시리얼을 꺼내 먹는 시점의 거리가 벌어지면 벌어질수록, 예상치 못한 상황이 닥치더라도 더 안정적이고 유연하게 대처하면서 다양한 선택지를 고려할 수 있다. 시리얼을 먹기 전까지 최대한 오래 묵히는 게 좋다는 말이다.

묵히면 묵힐수록 상황은 더 좋아진다. 네 번째 원칙을 적용하면 자신의 돈이 얼마나 오래 묵었는지 확인할 수 있다. 돈의 '나이'는 **그 돈을 벌어들인 시점**(시리얼을 채워 넣은 시점)과 **그 돈을 쓴 시점**(시리얼을 꺼내 먹은 시점)의 간격을 계산하면 된다. 예를 들어, 월요일에 들어온 돈을 화요일에 바로 썼다면 그 돈은 숙성도 1일짜리 돈이다. 월요일에 들어온 돈을 금요일까지 쓰지 않았다면 그 돈은 5일 묵은 돈이다.

이러한 네 번째 원칙은 규칙이라기보다는 방법에 가깝다. 돈을 얼마나 묵혀야 하는지 절대적인 기준을 정해 놓지는 않기 때문이다. 그저 오래 묵힐수록 좋다. 보통은 30~60일이 적당하다고 생각하지만, 아예 묵히지 않는 것보단 하루라도 묵히는 게 낫고 하루보다는 닷새 묵히는 게 낫다. 따라서 돈이 들어왔다 나가는 주기를 늘리기 위해 끊임없이 노력하라.

빚이 있는 경우라면 돈의 나이는 사실상 마이너스다. 신용카드를 긁든 대출을 받든, 돈이 들어오기도 전에 써 버렸기 때문이다. 그렇다고 네 번째 원칙이 작동하는 방식이 변하지는 않는다. 전략은 동일하다. 버는 돈보다 적게 쓴 뒤 그 차액으로 빚을 갚아 나가자. 이 장애물을 넘고 나면(분명 넘을 수 있다) 남는 돈을 빚 갚는 데 쓰는 대신 통장에 가만히 묵혀 둘 수 있다. 더 이상 과거의 나 자신이 한 일을 수습하는 데 돈을 쓰지 않게 된다. 그리고 나중에 어떤 비용이 발생할 때 즉각 낼 수 있도록 미래에 투자할 수 있다.

만약 어제 혹은 기껏해야 이번 주에 막 들어온 돈을 쓰고 있다면 '그달 벌어 그달 먹고사는 생활'에 빠져 있다는 뜻이다. 빚을 진 것보다는 당연히 낫지만, 그날 거둔 곡식으로 연명하는 삶과 마찬가지로 갑작스러운 상황에 대처할 수 있는 여지가 거의 없다. 돈이 들어오는 대로 족족 써 버리면 눈앞에 보이는 불만 끄는 것과 다를 바 없기 때문이다. 돈이 들어오고 나가는 주기를 벌려 돈을 버는 시점으로부터 쓰는 시점까지 숨 고를 틈을 마련하는 것, 이것이 네 번째 원칙의 목표다.

인생의 변수에 대응하는 최고의 방법

●

월급이 들어왔는데 아직 쓰면 안 된다니, 이상하게 들릴 수 있다. '다들 돈이 들어오면 그 돈으로 이것저것 대금을 지불하고 필요

한 것도 사지 않나?'

그렇다. 실제로 많은 사람들에게는 이것이 현실이다. 차라리 백만장자가 되기를 바라지, 다음 월급이 들어오지 않아도 괜찮기를 바라는 건 정말 불가능한 일 같다.

그런데 바로 그 '앞서 나갈 수 없다는 느낌'이 돈 걱정의 근원이다. 돈을 얼마나 버는지는 중요하지 않다. 돈이 통장에 들어왔다 나가는 속도가 너무 빨라서 숨 고를 틈이 없다면, 한 달에 1,000달러를 벌든 1만 달러를 벌든 스트레스를 받을 수밖에 없다. 벌고 쓰고, 또 벌고 쓰고……. 쉴 새 없이 트레드밀 위를 달리는 것이다. 한 걸음이라도 잘못 내디디면 그대로 철퍼덕 고꾸라진다.

돈 걱정은 그달 벌어 그달 쓰는 삶과 밀접한 관련이 있는데, 네 번째 원칙은 그런 삶을 청산할 수 있도록 도와준다. 사람들은 월급 날짜에 맞춰 청구서 대금을 지불하느라 온 정신과 에너지를 쏟는다. 머리를 쥐어짜 묘기 부리듯 이런 비용을 처리하다 보면, 어떻게든 지출을 통제하고 있으니 영리하게 자산을 관리하고 있다고 착각하기도 한다.

하지만 돈을 30일만이라도 묵힐 수 있다면, 거기서 그 돈은 그달의 청구서가 나오기를 기다리고 있을 테니 쓸데없이 묘기를 부리지 않아도 된다. 바꿔 말해 보자. 네 번째 원칙을 지키지 않으면, 잔뜩 쌓인 청구서들이 당신의 돈이 들어오기만을 기다리고 있을 것이다.

그러니 네 번째 원칙을 따르자. 그러면 쌓인 돈들이 청구서가 나오기만을 기다린다. 묵힌 돈으로 생활할 때 우리의 몸과 마음은 여러모로 편안해진다. 우선, 이런저런 대금을 틀어막느라 신경과 에너지를 쏟을 필요가 없으니 그야말로 '제정신'을 차릴 수 있다. 각종 요금을 내려고 다음 번 월급을 기다릴 필요가 없다면, 돈이 준비되어 있으니 전부 자동이체로 돌려놔도 된다면 어떨까? 기분이 꽤나 좋을 것이다. 잠도 더 잘 올 것이다.

그 안도감은 내 돈을 바로바로 쓰지 않아도 될 때 느낄 수 있다. 결정을 내릴 시간, 상황에 적응할 시간, 방향을 조정할 시간 등 여유가 생기는 덕분이다. 들어온 돈을 쓸 때까지 오래 참을수록 그만큼 상황을 주도적으로 통제할 수 있다. 반면, 오래 참지 못할수록 상황에 휘둘리게 될 것이다.

'시간'이라는 아름다운 선물은 수입이 고정적이지 않은 사람에게 특히 소중하다. 묵힌 돈을 가지고 생활하면, 이번 달에 돈이 모자란다고 억지로 진상 고객까지 상대할 필요가 없다. '현금 완충장치'가 마련되어 있기 때문이다. 수입이 들쑥날쑥할수록 돈을 더 오래 묵혀야 수입이 적은 달에도 충격을 흡수할 수 있다.

사실 소득이 어떤 식으로 들어오든 돈을 묵혀 두는 건 삶의 기복을 극복하는 데 도움이 된다. 현금이 부족하거나 응급 상황이 발생했을 때 대처할 수 있는 선택지가 늘어난다. 어느 정도 버틸 비용을 준비해 뒀으니 안심도 된다. 그러니 어떤 유형의 돈 문제가 불쑥 튀어나오든 크게 놀라지 않고 창의적으로 문제를 해결할 수 있다.

한발 물러서면 돈의 흐름이 보인다

●

혹시 지나간 일을 되짚어 보다가 '생각보다 그때 훨씬 빡빡한 상황이었구나!' 하고 깨달은 적이 있는가? 당시에는 어찌어찌 상황을 넘기긴 했는데, 이제 보니 분명 이상적인 그림은 아니었던 경험 말이다. 특히 휴식이 절실하던 타이밍에 휴가를 떠나 생각에 잠겨 있다 보면 그런 깨달음을 얻고는 한다.

나 역시 온갖 스케줄을 정신없이 소화하느라 스스로 얼마나 스트레스를 받고 있는지 모른 채 지나치곤 했다. 일정 뒤에 그다음 일정, 또 그다음 일정……. 이리저리 다니다 밤늦게 들어와 뻗고, 다음 날 똑같은 패턴을 반복하고. 이 '미친' 일상의 실체를 알아채려면 일상 바깥으로 자신을 끄집어내야만 했다.

휴가를 떠나 아무것도 하지 않고 더없이 편안한 마음으로 아이들이 뛰노는 걸 보면서, 나는 그제야 알아차렸다. '그동안 정말 내가 지쳤었구나!' 새집에 적응하기, 아이의 댄스 수업, 과제, 사업, 크로스핏 등등, 집에 남겨 두고 온 일정들을 떠올리는 것만으로도 숨이 막혔다.

이럴 때 한발 물러서는 태도는 큰 도움이 된다. 이를 통해 자신의 삶을 한눈에 보면서, 좀 더 살 만하게 바꾸려면 어디를 건드려야 하는지 짚어 낼 수 있다. 가족과 함께 휴가를 다녀온 후, 큰딸이 댄스 수업이 점점 질린다기에 더 이상 댄스 교실을 보내지 않기로 했다.

고작 여덟 살 아이도 잠깐 거리를 두고 자기 생활을 바라본 덕분에 우선순위를 조정하게 된 것이다. 우리 부부 역시 저녁마다 메뉴를 정하느라 허둥대지 않기 위해 식사 계획을 좀 더 단순화하기로 했다. 사소한 변화이지만 상당한 도움이 되었다. 때때로 큰 변화가 이어지기도 했다. 1년간의 홈스쿨링을 계획하거나 근무 일과를 조정하거나, 더 작은 집으로 이사하기도 했다.

비슷한 원리로, 네 번째 원칙은 우리 재정 상황을 또렷이 이해할 수 있게 해 준다. 처음 세 가지 원칙도 분명 유용하지만, 이처럼 거리를 두고 전반적인 상황을 한눈에 본다면 자신의 소비 습관을 한층 깊이 이해하게 된다. 돈이 드나드는 흐름을 전체적으로 볼 여유가 생기므로 어떤 계획이 성공하고 어떤 계획이 실패하는지 발견할 수도 있다. 이는 돈을 묶힐 때 찾아오는 안도감 덕분이다. 쫓기듯 사는 와중에 상황을 제대로 파악하는 건 불가능에 가깝다. 그저 그 순간을 사느라 정신없으니 말이다. 이는 자신이 얼마나 지쳤는지 깨달을 틈도 없이 연달아 일정을 처리하는 상황과 비슷하다. 자신이 대체 어떤 습관 때문에 힘든지 알아차릴 수도 없다.

평소의 일정에서 몇 가지 계획만 포기한다면 삶은 훨씬 행복하고 편안해질 것이다. '해야 할 일' 몇 가지를 쳐내면, 직장에서 일도 잘되고 자녀에게 참을성을 보이기도 쉬워지며 운동으로 체력을 단련할 에너지도 넘칠 것이다.

그렇다. 자신의 상황을 분명히 인식하지 못하면, 상황을 훨씬 좋게 만들 간단한 변화들도 알아차리지 못한다. 미네소타주의 미니애폴리스에서 소프트웨어 엔지니어로 일하는 스물 세 살의 알렉스 해챈뷸러는 첫 직장에 들어간 지 몇 달 후 바로 이 교훈을 얻었다. 이어질 글에서 그의 사례를 살펴보자.

'돈'보다 더 중요한 '돈 관리'

●

언뜻 보기에 알렉스의 이야기는 지루할 수 있다(하지만 속지 말길). 알렉스는 경제적으로 안정된 집안에서 자랐다. 대학 시절에도 일거리가 끊이지 않아 수입이 넉넉해서 친구들과 놀러 다니거나 게임기를 구입하거나 스노보드를 타러 갈 수 있었다. 열여덟 살 때부터 신용카드를 사용했지만 결제 대금이 밀린 적은 한 번도 없었다. 빚도 없고 드라마틱한 사건도 없었다.

2015년 6월에 대학을 졸업한 알렉스는 곧바로 타깃^{Target}(미국에서 월마트 다음가는 대형 할인 매장 – 옮긴이) 본사에 코딩 엔지니어로 취직했다. 사회생활이 시작된 것이다. 퇴직연금도 들었다. 알렉스는 은퇴 이후의 삶을 위해 저축하고 투자할 생각에 들떠 있었다. 문제는, 돈이 얼마나 들어오고 나가는지 꾸준히 살펴보지 않은 탓에 얼마나 저축하거나 투자할 수 있는지 모른다는 사실이었다.

게다가 알렉스는 신용카드를 네 장이나 사용하고 있어서 다른 돈 문제를 생각할 여력이 거의 없었다. 무책임하게 카드를 쓰는 일은 없었지만 정작 청구서가 나오면 당황했다. 이 시절을 회상하며 알렉스는 이렇게 말한다.

"자동이체를 설정해 놓기가 겁이 났어요. '혹시 돈이 빠지기로 돼 있는 계좌에 잔고가 없으면 어떡하지?', '무언가를 빠뜨린 바람에 돈이 부족하면 어떡하지?' 하는 불확실함이 어느 정도는 늘 깔려 있었죠."

그래서 그가 내놓은 해결책은 구글 캘린더에 매달 일정을 등록하고 알람을 설정한 뒤 때가 되면 신용카드 청구서를 직접 지불하는 것이었다. 골치 아픈 일이었다.

이런 상황임에도 알렉스는 취직 후 6개월 동안은 세금을 제하고도 월급의 15퍼센트씩 저축했다. 충분히 만족할 법도 했지만 그는 더 발전할 여지가 있다고 느꼈다.

"돈도 중요하지만, 더 중요한 건 그 돈을 관리하는 일이라는 걸 깨닫기 시작했어요."

곧 알렉스는 가계부와 자산 관리에 관한 글을 더 찾아보기 시작했고, 그러던 중 와이냅을 알게 되었다. 그리고 순식간에 와이냅의 네 가지 원칙에 빠져들었다.

월급을 받는 생활을 한 지 1년이 지났을 때, 그의 재정 상태는 완전히 달라졌다. 숫자만 비교해 봐도 이 사실은 명백했다. 네 가지 원칙을 따르기 시작한 뒤로 6개월간 그는 세후 기준으로 월급의

70퍼센트씩을 저축했다. 그 전 6개월 동안 15퍼센트씩 저축한 것에 비하면 엄청난 발전이었다.

오타가 아니다. 정말로 15퍼센트에서 70퍼센트로 뛰었다. 그렇다고 매일 라면으로 끼니를 때우면서 돈을 아낀 것도 아니었다. 알렉스 본인도 이 사실을 믿기 어려웠다고 한다.

"수치를 보고 있자니 저도 제가 속고 있는 줄 알았어요. 바뀐 것 딱 한 가지는 저의 소비 습관에 대해 생각하기 시작했다는 점이에요. 예전에는 내가 어디에 얼마를 쓰고 있는지 한 번도 생각해 본 적이 없어요. 사실 지금도 떠올리기가 겁나요. 그때 돈을 어디다 썼는지 진짜 모르겠거든요!"

가계부를 쓰기 시작하면서 알렉스는 첫 번째 원칙에 따라 돈에 어떤 일들을 맡길지 정리하며 과거 3개월간의 신용카드 명세서를 검토해 보았다. 그리고 그제야 돈이 주로 어디로 새어 나갔는지 파악했다. 바로 외식비였다.

알렉스는 외식비로만 매월 450달러를 사용하고 있었다. 직장에서 점심시간에 사 먹는 밥과 커피, 친구들을 만났을 때의 외식 비용이 포함되었다. 이후 와이냅을 시작하고 그의 한 달 외식비 평균은 141.88달러(6개월 치 데이터를 근거로 한 정확한 액수다)로 대폭 줄어들었다.

"일주일에 몇 번씩 사 먹던 걸 한 달에 몇 번으로 줄인 건데, 이렇게 엄청난 차이를 만들 줄 몰랐죠. 얼떨떨했어요."

그 뒤로 알렉스는 점심 도시락을 훨씬 더 자주 싸기 시작했다. 딱히 필요하지도 않은 전자 제품을 사거나 (인정하기는 싫지만) 게임에 지나치게 많은 돈을 지출하는 등 가계부를 쓰기 전에는 몰랐던 다른 나쁜 습관들 역시 바꾸었다. 그러자 투자 자금이나 비상 자금을 모을 여유가 금세 생겼다. 내가 지금 이 글을 쓰고 있는 시점에 알렉스는 2개월 묵힌 돈으로 생활하고 있다. 지난 11월 중순에 들어온 월급으로 이번 1월 예산 계획을 끝냈다. 예비금이 준비되자 마음 상태도 크게 달라졌다.

"월급이 꼭 들어와야 한다는 느낌이 들지 않아요. 물론 앞으로도 월급을 받겠죠. 하지만 '다음 월급 없이는 못 살아!' 하는 건 아니에요. 심지어 4개월 정도는 월급 없이도 버틸 수 있을 것 같아요. 월급을 한 달만 묵혀도 스트레스나 걱정이 얼마나 많이 줄던지!"

신용카드에 대해서도 마음을 놓을 수 있었다. 카드별로 각각 혜택이 좋아서 여전히 네 장을 사용하곤 있지만, 이제는 모두 자동이체를 걸어 놓았다. 어디에 얼마를 썼는지 정확히 알고 있고, 청구서가 나올 때를 대비해 통장에 돈이 준비되어 있기 때문이다. 사실 혜택을 받으려고 사용할 때를 제외하고는 신용카드를 거의 잊고 사는 수준이다.

특히 알렉스는 투자 목표 달성이라는 측면에서 가장 큰 발전을 이뤘다.

"내 돈이 어떻게 쓰이고 있는지 정확히 아니까 얼마나 저축하고 투자할 수 있는지도 알겠더라고요. 투자 계좌에 예금을 매주 100달러씩 넣고 있어요. 다 가계부에 미리 계획을 세워 둔 덕분이죠. 그냥 이것저것 해 보기보다는 전체 그림을 생각하는 게 훨씬 더 가치 있다고 생각해요."

알렉스의 이야기에서 우리는 한발 물러나 상황을 바라보는 것이 얼마나 큰 힘을 발휘하는지 알 수 있다. 버는 족족 쓰느라 정신없던 삶에서 벗어난 그는 상황을 이해할 정신적 여유가 생겼고, 큰 결실을 맺을 수 있는 작은 변화들을 놓치지 않은 것이다.

의지박약인 당신도 할 수 있다

●

빚을 지고 있거나 그달 수입으로 근근이 살아가고 있는 사람이라면 돈을 묵히는 것이 불가능하다고 느낄 수 있다. 돈이 통장에 들어오기도 전에 나갈 곳이 정해져 있는 것 같으니 말이다.

하지만 재정 상태와 관계없이 정말로 '누구든' 돈을 묵힐 수 있다. 의식적으로 돈을 묵히고 싶다면 여러 번에 걸쳐 돈을 모으면 된다. 예를 들어 당신이 한 달에 보통 4,000달러를 쓴다고 해 보자. 그러면 4,000달러를 조금씩 모으면 된다. 다 모았다면 새로운 달을 시작할 때 다음 월급을 기다리는 대신 모아 둔 돈으로 예산을 짜면 된다. 자, 이제 당신은 30일 묵힌 돈을 쓰고 있는 것이다.

방식이 어떻든 간에, 네 번째 원칙의 핵심은 결국 버는 돈보다 꾸준히 적게 쓰는 것이다. 이는 어디선가 자주 들어 본 이야기처럼 들릴지 모른다. '살을 빼려면 식단과 운동이 중요하다는 소리랑 뭐가 달라!' 싶을 것이다. 그러나 돈을 묵히는 단계로 나아가기 위해서는 체계를 바로잡는 것이 도움이 된다. 그 체계는 바로 이 책에서 말하는 네 가지 원칙들로, 앞의 세 가지 원칙을 적용하면 돈을 묵히는 과정은 자연스럽게 따라 나온다.

　첫 번째 원칙은 당신의 돈이 어떤 역할을 하고 있는지 자세히 파악하게 해 주고, 중요하지 않은 일에 더 이상 돈을 쓰지 않게 돕는다. 버는 돈보다 적게 쓰는 단계를 향해 빠르게 나아가도록 해 준다.

　두 번째 원칙은 장기적인 비용을 위해 저축을 하게 하므로 돈을 묵히는 데에 큰 영향을 미친다. 실질적인 비용을 위해 모아 둔 돈은 곧바로 나가지 않고 통장에 가만히 쌓일 것이다. 또한 두 번째 원칙은 향후 다가올 필수 항목들이 당장의 욕구보다 더 중요하다는 사실을 깨닫게 해 준다. 예를 들어 이번 주에 밖에서 점심을 사 먹는 대신 다음 달 집세를 미리 떼어 놓는다면 해당 금액의 지출을 늦출 수 있다. 그런 사소한 결정들이 돈을 가만히 쥔 채 묵힐 수 있게 해 준다.

　세 번째 원칙은 계속 조정하고 적응함으로써 오랜 시간에 걸쳐 가계부를 관리할 수 있도록 도와준다. 가계부를 일찍 포기해 버리면 애초에 돈을 묵힐 기회 자체가 없을 것이다. 또한 세 번째 원칙은 돈이 한정되어 있다는 핵심 전제를 되새기고 책임을 지도록 함으로써 예전 시절로 돌아가지 않게 막아 준다.

돈이 불어나는 속도를 올리는 법

●

돈을 빠르게 묶혀서 불릴 수 있는 방법이 한 가지 더 있다. 바로 '스프린트sprint'에 돌입하는 것이다. 스프린트란, 여유 자금을 모으기 위해 극단적인 방법을 동원해서라도 전력을 다하는 짧은 기간을 가리킨다. 한 달 치 비용을 확보하기만 하면 그달 벌어 그달 먹고사는 악순환에서 공식적으로 빠져나올 수 있다. 그러니 자신을 극한까지 몰아붙여 보라. 더 이상 버틸 수 없을 것 같다면, 이것이 그저 잠깐의 조치라는 사실을 기억하자.

스프린트를 마치고 나면 결승선에서 그대로 엎어질 것이다. 더 이상 한 발짝도 내딛기 싫을 것이다. 이는 본래 오랜 시간 지속할 수 있는 일이 아니다. 그러니 '스프린트'라는 이름을 붙인 것이고. 그렇다면 이 기간에 어떤 일들을 해 볼 수 있을까?

부업을 구하라

자녀를 돌봐야 해서 현실적으로 집 밖에서 일하기가 어렵다면 재택근무로 가능한 일을 알아보자.

자신의 재능을 활용하라

자신이 종사하는 직종과 관련된 웹 사이트를 여기저기 뒤지면서 임시로 사람을 구하는 곳이 없는지 알아보라. 혹은 자신의 재능을 활용해 돈을 벌 방법이 없을지 창의적으로 생각해 보자. 힘이 좋다면 짐을 옮겨 주는 일을 할 수도 있다. 바느질을 할 줄 안다면, 옷 수선 일을 시작하자. 혹시 도배를 한다거나 컴퓨터를 고친다거나, 조명을 설치할 줄 아는가? 파티를 기획해 본 적이 있는가? 많은 사람들이 자신이 가진 재능을 대수롭지 않게 여긴다. 바로 그 재능이 필요한 일에 남들이 기꺼이 돈을 지불하려 하는데도 말이다. 당신이 할 수 있는 일을 소셜 미디어를 사용해 홍보하라. 직접 사이트를 만들거나 구인 게시판을 활용해도 좋다. 작은(어쩌면 큰) 사업을 시작할 수 있을 것이다.

가지고 있는 물건을 판매하라

당신의 집을 한번 둘러보라. 막내 아이가 거의 다 컸는데도 그 유모차가 필요할까? 사실상 속옷 건조대로 쓰고 있는 트레드밀은? 옷장과 창고도 뒤져 보자. 장담하는데, 사용하지 않는 물건이 굉장히 많이 나올 것이다.

옷을 판매할 때 일일이 중고 거래를 하기가 귀찮다면 위탁판매를 맡겨도 좋다. 읽지도 않는 책은 중고 서점에 팔아라. 옷과 장난감이 많이 나오거든 온·오프라인 벼룩시장에 묶음으로 내놓자. 개당 가격은 얼마 못 받겠지만, 얼른 해치운 뒤 남는 시간에 다른 일을 해서 돈을 벌면 된다.

허리띠를 제대로 졸라매라

이것이 '스프린트'라는 걸 잊지 말라. 평생 할 필요는 없다. 잠깐 동안이라면 무슨 일을 못 하겠는가! 그러니 딱 한 달만, 전력을 다해 돈을 쓰지 않으려고 해 보자. 중요치 않은 일에 쓰는 비용을 줄이라는 의미가 아니다. 그것은 가계부를 쓰는 사람이면 당연히 해야 할 일이고, 여기서는 좋아하는 일에도 돈을 쓰지 말아 보자는 이야기다. 끊을 수 있는 건 다 끊어라. 외식을 줄이는 정도가 아니라 아예 포기하고, 영화관도 가지 말고, 겉치레는 다 빼자. 냉장고를 구석까지 파헤쳐서 끼니를 해결하고 생필품에만 돈을 쓰자. 산책을 나가거나 자전거를 타거나 집에 있던 음식만 챙겨서 피크닉을 가는 등, 돈이 들지 않는 범위에서만 즐겨야 한다.

가지고 있는 물건을 임대하라

당신이 가진 물건 중 판매할 생각은 없지만 남들의 관심을 끌 만한 것이 없는지 생각해 보라. 밴을 보유하고 있다면, 앞서 말한 대로 밴으로 짐을 옮겨 주거나 혹은 밴 자체가 필요한 사람에게 대여해 줄 수 있다. 에어비앤비 같은 서비스를 이용할 줄 안다면 한동안 집을 숙소로 내놓고 친구 집에서 지내자. 그 밖에도 온라인 네트워

크를 잘만 활용하면 각종 연장이나 자전거, 자동차, 주차 공간, 옷에 이르기까지 거의 무엇이든 빌려줄 수 있다(구글에 검색해 보길). 심지어 와이파이도 빌려줄 수 있다.

몇 주가 지나 스프린트가 버겁게 느껴진다면, 딱 적당한 속도로 달리고 있다는 뜻이다. 멈추지 말라. 목표는 분명하고, 당신은 충분히 거기에 닿을 수 있다. 조금만 더 버티면 일상으로 돌아간다. 그리고 이 과정은 분명 그만한 가치가 있을 것이다.

뜻밖의 돈이 생겼을 때

●

실리아 벤튼과 코리 벤튼 부부는 노스캐롤라이나주에서 세 자녀와 함께 살고 있다. 이들은 1년 반 동안 네 가지 원칙을 활용해 가계부를 썼고, 셋째가 태어날 즈음에는 2주 묵힌 돈으로 생활하고 있었다. 그것만으로도 큰 도움을 받았다. 그 전에는 급여가 들어오는 대로 이런저런 비용을 처리하느라 스트레스가 이만저만이 아니었기 때문이다.

이 부부는 연구실에서 기술 관리직으로 근무하고 있는 코리가 생활비를 대부분 감당한다. 코리는 격주 단위로 급여를 받는데, 한 달 치 대출금을 갚는 데에만 1회분 급여가 몽땅 들어간다. 따라서 다음 번 급여로 그달에 나오는 나머지 비용들을 충당한다.

이론상으로는 별문제가 없다. 그러나 가계부를 쓰기 전에는 지출을 대부분 신용카드로 처리했기 때문에, 다음 번 급여로 신용카드 대금에 다른 청구액까지 모두 감당할 수 있을지 파악하기가 쉽지 않았다. 그래서 지난 몇 년간 초과 인출이 발생하는 경우가 흔했고, 벤튼 부부는 이 악순환을 너무나 끊고 싶어 했다.

이런 그들에게 간혹 구세주가 찾아왔는데, 바로 급여가 세 번 나오는 달이 그 주인공이다. 격주 금요일마다 급여가 들어오다 보니 한 달에 돈을 세 번 받는 경우도 있는 것이다. 와이냅을 시작하고 얼마 지나지 않아 마침 세 번째 급여가 들어왔고, 실리아는 그 돈이 돌파구가 되리라 확신했다. 그들에게 꼭 필요한 완충장치가 되어 줄 거라고 말이다!

그녀는 그 돈을 곧바로 '다음 달' 대출금 예산에 배정했다. 그러면 다음 달에 들어오는 첫 급여로 그달의 다른 비용들을 내면 된다. 이런 식으로 부부는 그달 벌어 그달 먹고사는 생활에서 빠져나왔다. 드디어 앞서 나간 것이다. 돈을 더 오래 묵히려면 아직 노력이 필요하지만, 당장 2주를 번 것만으로도 상황은 크게 달라졌다.

하지만 곧 새로운 문제가 나타났다. 막내아들이 태어날 때 드는 비용이었다. 실리아와 막내 앞으로 들어 둔 보험 본인 부담금에 출산 비용 20퍼센트까지 현금으로 부담해야 했다. 과외 교습을 하던 실리아는 일을 늘려서 돈을 보탰고 가족의 지출도 줄였다. 그러나 여전히 제시간에 맞춰 모든 비용을 준비하기는 불가능해 보였다.

실리아는 이리저리 궁리하기 시작했다.

"목표를 달성하려면 어디선가 뜻밖의 소득을 찾을 순 없을지 알아내야 했어요. 남편 회사의 소비계정형 복지 제도를 훑어보던 중, 문득 건강관리 보상 프로그램이 있다는 사실이 떠오르더군요. 근로자가 어떤 건강 목표를 달성하면 복지 계좌에 보상금이 들어오는 제도였어요."

그래서 실리아와 코리는 달성할 수 있을 만한 목표에는 전부 도전해 봤다. 예를 들어, 코리는 만보기를 달고 걷는 과제를 수행해 100달러 보상을 따냈다. 둘 다 연례 건강검진을 받아 150달러씩 받았다. 또한 체중 감량이나 운동을 주제로 하는 건강관리 수업에 참여해 매번 300달러씩을 벌었다. 특히 실리아가 임신에 관한 수업을 들었을 때는 700달러 보상이 들어왔다. 이 프로그램은 둘에게 예상치 못한 '횡재'였다. 복지 계좌에 공돈이 고이 모였고, 출산 비용이 나올 때 전부 사용했다.

이처럼 '뜻밖의 소득'은 갑작스러운 상속이나 연말 성과급만 가리키는 게 아니다. 세금을 환급받거나, 급여를 한 달에 세 번 받거나, 사원 복지 혜택을 받거나, 직장에서 초과근무 수당을 받는 등 추가로 들어오는 현금이라면 무엇이든 포함된다.

다만 여기서도 핵심은 추가로 들어온 돈 자체가 아니라, 뜻밖의 소득이 생기더라도 계획적으로 결정을 내리는 것이다. 여러분의 소득이 생겼을 때 가계부를 펴고 우선순위를 살펴본 뒤 적절한 곳에 돈을 투자하라. 서둘러 돈을 묵히려는 상황이든 큰 비용을 지불할 방법을 찾는 상황이든, 당신의 상황에 맞게 대처하라. 이렇게 뜻밖의 소득을 적절하게 운용한다면 당신이 바라는 경제적 자유와 부에 한 발 앞으로 나아갈 것이다.

당신의 돈을 나이 들게 하는 법

. . . .

그달 그달 근근이 살아가고 있다면 '묵힌 돈'으로 생활한다는 게 꿈처럼 느껴질 수 있다. 하지만 이는 부자들만 즐길 수 있는 사치가 아니다. 다음의 방법으로 시도해 보라.

- **1개월 치 평균 지출에 해당하는 금액을 저축하라**
  : 이 목표를 달성하면 그 돈을 가지고 다음 달 예산을 계획하라. 이제 다음 번 월급은 그다음 달 예산으로 들어간다. 사실상 30일 묵은 돈으로 생활하게 되는 것이다.

- **스프린트 기간에 돌입하라**
  : 할 수 있는 한 오랫동안 허리띠를 제대로 졸라매 보라. 이와 더불어 창의적으로, 그리고 합법적으로 소득을 늘려 보자. 아낀 돈이든 번 돈이든 모두 다음 달 예산에 들어가야 한다.

- **뜻밖의 소득을 다음 달 가계부에 넣어라**
  : 예상치 못한 행운은 누구에게나 찾아온다. 돈을 원하는 만큼 묵히지 못했다면 뜻밖의 소득이 들어왔을 때 다음 달 예산에 포함시킴으로써 앞서 나가자. 쇼핑을 해서 잠깐의 즐거움을 얻느니 돈 걱정을 줄이는 편이 훨씬 더 나을 것이다.

잊지 말자. 누구든 돈을 묵힐 수 있다. 목표를 잘 세우고 그 목표를 이루기 위해 끈질기게 버티기만 하면 된다. 이는 충분히 그럴 만한 가치가 있는 일이다.

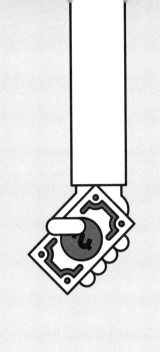

6장

함께 돈을
모으는 법

+   −

×   =

남의 돈에는
날카로운 이빨이 있다.

러시아 속담

연애를 해 본 사람이라면 누구나 '첫' 순간들이 얼마나 짜릿한지 잘 알 것이다. 첫 데이트(우리 부부의 경우에는 멋진 레스토랑에서 요리 하나를 나눠 먹은 게 첫 데이트였다), 첫 키스(연식 30년이 지난 혼다 안에서였다), 그리고 첫 다툼(2002년에 보드게임을 하던 중이었다)과 그 싸움 때문에 차이지는 않을 거라는 깨달음 등. 그런데 첫 '돈 얘기'는 어떤가? 이를 순위권에 올리고 싶은 사람은 많지 않을 것이다. 짜릿한 순간이라기보다는 꺼내기 불편한 진실에 가까울 테니까.

하지만 누구의 잘못도 아니다. 대화가 꼬일 가능성이 너무 크기 때문이다. 당신도 사랑하는 사람이 "요새 빚에 너무 쪼들려"라거나 "수입이 늦게 들어올 땐 집세는 그냥 신용카드 긁는 게 편하더라"

하고 말하는 건 듣고 싶지 않을 것이다. 어쩌면 당신 자신이 문제일 수도 있다. 발전할 필요가 있다고는 생각하면서도, 관계를 괜히 망칠까 봐 재정 상태를 정확히 파악하기가 두려운 것이다. 게다가 대부분의 관계가 돈 문제 때문에 끝난다는 통계를 우리는 이미 너무 많이 봐 왔다. 결국 사랑하는 사람과의 관계에서 돈 이야기를 꺼낸다는 건 지뢰밭으로 뛰어드는 것처럼 느껴진다.

무엇보다도 우리는 주위에서 돈과 사랑을 연관 지어 말하는 것을 들어 본 적이 거의 없다. 데이트 잘하는 법, 결혼 생활 잘하는 법, 나아가 자녀를 교육하는 법 등 세상에는 온갖 종류의 조언이 널렸다. 그런데 연인이나 부부 사이에 돈 문제를 다루는 법은? 생소할 것이다. 대부분 사람들은 사랑하는 사람에게 돈 얘기를 어떻게 꺼내야 할지도 모른다.

하지만 누군가와 평생을 함께하기로 마음먹었다면 언젠가는 돈 이야기를 꺼내야만 한다. 한번 이 악물고 대화하는 정도로 그쳐선 안 된다. 함께하면서 돈과 관련된 서로의 특징(습관, 경제관념, 충동과 목표)을 거듭 알아 가야 한다. 대화는 다시, 다시, 또다시 하게 될 것이므로 돈을 주제로 이야기하는 데에 익숙해지는 게 좋다.

대화를 피할 수 없다면 거기서 오는 고통을 줄일 방법은 없을까? 의외라고 생각하겠지만, 그 해결책은 바로 '함께' 가계부를 쓰는 것이다. '그냥 돈 얘기를 꺼내고 말지' 싶더라도 조금만 더 읽어 보라.

가계부를 공유하면 실제로 도움이 된다. 기본적으로는, 가계부

하나를 놓고 대화하면 되므로 돈 이야기를 하기가 훨씬 쉬워진다. 서로 빚이 얼마니, 돈을 얼마 썼니 할 필요 없이 전부 가계부 안에서 처리하면 된다. 이처럼 가계부는 대화가 현실을 벗어나지 않도록 둘 사이를 중재해 준다. 가계부가 없다면 서로의 불안과 오해 때문에 진솔한 대화를 나누기가 어렵다. 특히 혼자가 아니라 둘이 되면 돈은 끊임없이 나가고 또 들어오는데, 가계부를 함께 쓰면 그 변화를 모두 확인할 수 있어 오해가 생길 가능성이 줄어든다.

무엇보다도 가계부는 두 사람이 같이 인생을 계획하면서 서로의 희망과 목표에 대해 이야기할 수 있는 구체적인 틀을 제공한다. 서로의 꿈만 늘어놓는 게 아니라 현실적인 실천 방안을 세우게 하는 것이다.

가계부를 함께 쓰는 방법은 혼자서 가계부를 쓰는 방법과 크게 다르지 않다. 돈이 들어오면 역할을 맡기고 계획대로 돈을 쓰면 된다. 하지만 그다음부터는 많이 다르다. 따라서 이번 장 전체를 '커플을 위한 가계부 쓰는 법 소개'에 할애하고자 한다.

혼자 쓰는 가계부와 비교할 때의 차이점 한 가지는, 두 사람 모두 가계부를 쓰기로 동의하기 전까지는 자산이나 인생 계획을 세울 수 없다는 사실이다. 수많은 커플이 바로 이 지점에서 벽에 가로막힌다. 자신은 가계부를 쓰고 싶지만 상대는 숨 막히는 일이라고 여길 수 있기 때문이다. '가계부'라는 단어만 꺼내도 소스라칠 수 있다. 가령 다음과 같은 말을 상대방은 전혀 다르게 받아들이는 식이다.

"여보, 우리 같이 가계부를 쓰는 게 어때?"

(상대방의 해석: 여보, 이제 당신한테 목줄을 채우고 한 푼이라도 어떻게 쓰나 감시할 때가 된 거 같아.)

"자기야, 당신 말대로 마루가 너무 낡은 거 같아. 새로 바꾸게 돈 좀 모아 볼까?"

(상대방의 해석: 자기야, 우리한테 마루 갈아엎을 돈이 어디 있어. 돈 관리 어떻게 하는 건지 하나도 모르는구나?)

"자기, 우리가 돈을 제대로 쓰고 있는 건지 모르겠어."

(상대방의 해석: 자기, 이번 달 용돈 정해 줬잖아. 그대로 쓰지 좀?)

그렇다. 상대가 스스로를 '돈 관리하는 타입'이라고 여기는 경우가 아니라면, 가계부에 대한 저항은 분명 거셀 것이다. 현실을 알고 싶지 않을 수도 있고, 은행에 돈이 있고 불편 없이 살고 있는데 왜 굳이 가계부를 써야 하느냐고 물을 수도 있다. 수입을 벌어들이기도 바쁜데 가계부를 펴 놓고 자질구레한 내용까지 신경 쓰고 싶지 않다는 사람도 있을 것이다.

가계부가 중요하다는 사실을 설득하는 데 애를 먹는다면, '가계부를 쓴다'는 것이 무엇을 의미하는지 명확히 전하라. 시시콜콜 감시하는 사람도 족쇄를 채우는 사람도 없을 것이며, 오히려 경제적인 자유와 힘을 되찾는 길이라고 말이다.

가계부를 함께 쓴다는 건 둘 중 한 사람이 상대에게 바라는 목표가 아닌, 두 사람 모두가 바라는 목표를 이루기 위해 같이 노력하는 과정이다. 또한 사랑하는 사람에게 함께 가계부를 쓰자고 제안하는 것은 돈과 관련된 결정을 내릴 때 그 사람도 목소리를 낼 수 있기를 바라기 때문이지, 그의 결정에 간섭하고 싶어서가 아니다.

서로에 대해 알아야 할 세 가지

●

누군가와 짝을 맺고 살아가다 보면 이런저런 습관, 별난 점, 미치도록 싫어하는 일 등 그 사람에 대해 많은 걸 알게 된다. 그리고 본래의 성격이 나오기 시작하면서 상대가 내 행동에 어떻게 반응하는지도 깨닫게 된다.

당신 역시 샤워를 할 때 꼭 음악을 틀어 놓는다거나 일요일 밤은 축구 경기를 보는 시간으로 정해 둔다거나 속옷을 다려서 입는다거나 하는, 별생각 없이 습관처럼 하는 일들이 있을 것이다. 다들 그러고 사는 줄 알았던 것이다. 아침 6시면 틀어 놓는 음악 소리 때문에 7시까지 자도 되는 상대방이 짜증을 내기 전까지는.

두 사람이 얼마나 잘 맞든지 간에, 사람과 사람이 함께하려면 서로를 알아 가는 과정이 필요하다. 가계부를 같이 쓸 때도 마찬가지다. 자신이 돈을 다룰 때 어떤 습관과 목표를 가지고 있는지, 그 습관과 목표가 상대에게 어떤 영향을 주는지 더 잘 알게 된다.

사랑하는 사람과 함께 사는 동시에 가계부도 함께 쓴다면, '함께 사는 법'을 알아 가는 대화와 '함께 가계부 쓰는 법'을 알아 가는 대화가 겹치는 지점이 많다는 사실을 금방 알아차릴 것이다. 선호하는 실내 온도부터 식습관까지 온갖 부분에서 둘은 서로에게 영향을 미친다. 당신은 밤에 뭘 해 먹을지 고민하기보다는 배달 음식을 시켜 먹는 쪽이 더 편하다고 생각할지 모른다. 반면 상대는 저녁을 요리해 먹는 쪽을 기대할 수 있다. 이처럼 서로에 대해 기본적인 사실들을 알지 않고서는 관계를 오래 끌고 갈 수 없다.

돈과 관련해서 서로에 대해 알아야 하는 사실은 크게 다음의 세 가지가 있다.

첫째, 돈과 관련된 습관

상대가 돈과 관련해 습관처럼 하는 행동이 있는가? 예를 들어 월급이 들어오면 바로 적금 통장에 넣거나, 혹은 월말에 돈이 남을 때만 저축하는가? 물건을 살 때 온갖 요소를 따져 가며 최적의 조건을 찾아내는가, 아니면 유명 디자이너가 만든 제품을 정가 그대로 사야 자부심을 느끼는가? 신용카드 청구서가 나오면 완납을 해야 속이 시원한가, 아니면 당월 최소 결제 금액만 내도 괜찮은가?

둘째, 돈에 대한 생각

경제적으로 어떤 큰 그림을 그리고 있는가? 당신은 통장에 8개월 치 생활비가 쌓여 있지 않으면 호흡이 가빠지는 사람인데 상대는 집세를 내고 피자를 살 돈만 있어도 샴페인을 터뜨릴 사람이라면, 서로를 빨리 파악할 필요가 있다. 같이 살아선 안 된다는 뜻이 아니다. 서로 다른 관점이 공존할 수 있는 방법을 찾아내야 한다는 뜻이다.

셋째, 각자가 갖고 있는 돈 혹은 빚

빚더미든 돈더미든, 두 사람의 관계 속에 서로가 무엇을 가지고 오는지 이야기할 필요가 있다. 앞으로 어떻게 대처할 생각인가? 이는 가계부에 어떤 영향을 미칠까? 상대방의 학자금 대출도 공용 가계부에 포함시켜 함께 갚아 나갈 것인가? 상황은 다양할 것이고, 그때마다 접근할 수 있는 방식도 수없이 많다. 그 과정에서 의견 차이는 물론 서로에게 보여 주고 싶지 않은 모습까지 드러날 가능성도 크다. 하지만 각자의 계획과 생각, 감정을 확실하게 전달해야만 앞으로 나아갈 수 있으며, 두 세계가 합쳐질 때 어떤 현실이 나타날지도 판단할 수 있다.

함께 가계부를 쓰는 게 익숙해질수록 서로에 대해 알아야 할 점도 늘어날 것이다. 조급해하지 말고 스스로에게 그리고 상대방에게 솔직해져라. 몇 번의 대화로 기초적인 사실은 파악할 수 있겠지만, 돈을 대하는 방식을 알아 가는 과정은 꽤 오랜 시간이 걸린다.

살아온 환경의 차이를 이해하라

●

돈을 다루는 방식은 살아온 환경에 따라 달라질 수 있다. 사랑하는 사람의 과거를 알고 깜짝 놀랄 수도 있고 비슷한 배경에서 자라왔다는 사실을 알고 반가울 수도 있다. 상황이 어떻든 각자의 처지(빚이 얼마나 있고 돈 관리 습관이 어떤지 등)를 솔직히 말해야 두 사람이 행복하게 함께할 방안을 찾을 수 있다.

로라의 부모는 시칠리아에서 이주한 블루칼라 노동자 부부로, 평소 자녀들에게 '돈의 가치'를 깨우쳐 주는 일을 중요하게 생각했다. 덕분에 로라는 열다섯 살 때부터 학교를 마치면 동네 커튼 가게에서 아르바이트를 했다. 첫 월급이 나오자마자 로라의 어머니는 공동예금계좌와 신용카드를 개설해 줬다. 이렇게 로라의 통장 잔고는 첫 월급인 185달러로 시작했다.

그때부터 부모의 가르침이 시작됐다.

"신용카드 청구서가 나오면 이렇게 통장 잔고에서 그 액수만큼 빼면 돼. 그러면 여기 돈이 얼마 남았는지 정확히 나오지?"

열다섯 살 로라가 자신의 통장 잔고를 안다는 건 밴드 펄잼Pearl Jam의 새 음반을 살 돈이 있다는 걸 안다는 뜻이었다. 펄잼의 음악에 빠진 걸 제외하면 크게 돈이 나갈 곳은 없었다. 로라는 성장하면서도 실용적인 소비 습관을 버리지 않았고, 이는 성인이 되어서 중대한 돈 문제를 다룰 때 큰 도움이 되었다.

로라의 어머니는 신용카드 대금을 일부만 납부하는 방법도 있다는 사실을 로라에게 일부러 말해 주지 않았다. 청구액을 지불할 돈이 없다면 아예 카드를 쓰지 말라고 가르쳤다. 로라는 이게 인생의 진리인 줄 알았다. 카드 빚을 지는 것도 가능하다는 사실을 결국에는 알게 됐지만 여전히 이해가 되지는 않았다. 돈이 있을 때만 신용카드를 쓰는 쪽이 훨씬 더 편하고 마음에 들었다.

로라가 자라 온 환경은 비교적 독특한 경우다. 일반적으로 사람들은 집에서, 특히 자녀와는 돈 얘기를 절대 하지 않는다. 로라의 남편인 오웬은 열두 살 무렵 부모님에게 자기 가족이 부유층인지, 아니면 빈곤층이나 중산층인지 물어봤다가 꾸지람을 들은 기억이 있다. 뉴스에서 용어들을 주워듣고는 자신의 집이 어디에 속하는지 궁금했던 것이다. 안락한 가정에서 자란 그는 부모님이 물건을 구입할 때 한 번도 주춤하는 걸 본 적이 없었다. 하지만 그게 경제적으로 넉넉해서인지 빚을 내서인지 알 길이 없었고, 성인이 된 지금도 여전히 알지 못한다.

오웬은 대학 시절 우편으로 온 광고물을 보고 첫 신용카드를 만들었다. 무엇이든 살 수 있고 월 기본료만 지불해도 된다니 더없이 좋았다. '이게 자유지!' 하고 생각했다. 그러나 졸업할 때가 되자 빚이 수천 달러 쌓였다. 불어나는 빚을 보고 겁이 나서 다행히도 카드를 더 쓰지는 않았다.

로라에게 프러포즈를 하려고 마음먹었을 때도 오웬에게는 카드 빚이 7,000달러나 있었다. 그는 이 사실을 이야기할 자신이 없었다. 로라가 얼마나 똑 부러지게 돈을 쓰는지 알고 있었기 때문이다. 기숙사 친구들과 아무 생각 없이 영화관이나 술집을 쏘다니던 시절을 그녀가 이해하지 못할 듯했다. 하지만 진실을 숨긴 채 청혼을 해서는 안 될 것 같았다. 로라 입장에서는 억울할 테니까.

진실을 전하는 일은 생각만큼 두렵지 않았다. 오웬의 말을 들은 로라는 대학 친구들이 매일 신용카드를 획획 긁는 걸 볼 때마다 대체 카드 대금을 어떻게 내는 건지 궁금했다고 한다. 사실 대부분은 내지 못하고 있었는데 말이다. 그녀는 오웬을 판단하려 들기보다는 오웬이 가진 빚을 풀어야 할 과제로 보았다.

'어떻게 하면 7,000달러를 빠른 시일 내로 마련할 수 있을까?'

그러자 그녀의 머릿속에는 오웬이 조부모님에게 물려받은 8년 된 혼다 자동차가 떠올랐다. 대학 시절에는 통학용으로 타고 다녔지만 이제 둘 다 뉴욕에 살고 있어서 차는 뉴햄프셔의 부모님 집 앞에 가만히 서 있었다. 그 차를 팔아서 카드 빚을 갚으면 어떨까 하는 생각이 들었다.

오웬도 동의했다. 여태까지는 로라가 자신의 빚을 어떻게 받아들일지 걱정하느라 빚을 빨리 없애려면 어떻게 해야 할지는 제대로 생각해 보지 못했다. 그 차를 이용할 일은 분명 거의 없었다. 주말에 교외로 드라이브를 나가고 싶을 때는 렌트를 하면 그만이었다. 오웬은 혼다를 6,000달러에 팔았고, 곧바로 빚을 갚는 데 썼다. 남은

1,000달러는 충분히 갚을 만했다. 그다음에 그는 반지를 살 돈을 모으는 데 집중할 것이었다.

상황이 아무리 심각하게 느껴지더라도 용기를 내서 상대방에게 솔직히 말하라. 혹시 상대도 당신만큼 겁을 먹고 있을지 누가 알겠는가. 서로가 돈독한 관계를 맺고 있다면, 상대는 정신적으로나마 당신에게 지원을 아끼지 않을 것이다. 물론 당신도 똑같이 해 줄 수 있을 것이다. 둘은 한배를 탔다는 사실을 잊지 말아야 한다.

사랑한다면 돈 이야기를 하라

●

사랑하는 사람과 첫 데이트를 하던 날을 기억하는가? 두 사람 모두 조심스럽게 행동하면서 서로의 꿈과 목표에 대해 물어봤을 것이다. 또 휴대전화는 단 한 번도 들여다보지 않고 그의 말에 귀 기울였을 것이다.

처음 가계부를 함께 쓰는 시간도 첫 데이트와 비슷하게 흘러가야 한다. 가계부 관리에 본격적으로 돌입하면, 함께 숫자를 맞춰 보는 회의 시간을 한 달에도 여러 차례 갖게 될 것이다. 그리고 물론 이 시간도 데이트처럼 여겨야 한다. 하지만 첫 가계부 데이트에서는 숫자를 아예 빼 버리길 바란다. 내가 '0순위 원칙'이라고 부르는 원칙에만 집중하자.

0순위 원칙이란 자신에게 가장 중요한 것이 무엇인지 판단하는 과정을 가리킨다. 이는 가계부의 뿌리와 같다. 자신이 무엇을 가치 있게 여기는지 충분히 이해하지 못한 채로는 첫 번째 원칙으로 나아갈 수도 없다.

첫 가계부 데이트에서는 크게 세 가지 측면에서 0순위 원칙을 적용할 수 있다.

- 내가 개인적으로 중요하게 생각하는 건 무엇인가?
- 상대가 개인적으로 중요하게 생각하는 건 무엇인가?
- 우리가 커플로서 중요하게 생각하는 건 무엇인가?

이에 대한 답들이 점차 가계부의 우선순위로 발전할 것이다. 함께 쓰는 가계부에는 '너', '나', '우리' 세 종류의 우선순위가 존재하기 때문이다.

우선순위를 전부 밝혀내려면 열심히 대화를 나누는 수밖에 없다. 크게 생각하고, 마음을 열고, 걱정과 기대를 털어놓아라. 첫 데이트의 대화 방식과 똑같다. 그러고 나면 비로소 상대가 겁먹고 도망가지는 않을까 걱정할 필요가 없어진다. 이제 상대는 당신이 스타워즈 피규어를 광적으로 모은다는 사실을 알게 되었을 것이다. 그런데도 당신을 떠나지 않았다면 그는 언젠가 당신이 피규어 수집이 우선순위라고 말할 때도 놀라지 않을 것이다. 진정한 사랑의 승리다.

말했듯이, 대화 한 번으로 서로에 대한 모든 것을 알 수는 없다. 그러므로 첫 가계부 데이트에서는 굵직한 우선순위만 파악하도록 하라. 예를 들어, 당신은 원고 작업을 위해 공동 작업실에 자리를 얻고 싶다고 말한다. 상대는 커리어에 변화를 주고자 코딩 수업을 듣는 데 돈을 쓰고 싶다고 말한다. 집을 구할 돈을 모으거나 태어날 아이를 위해 예비금을 마련하거나 피지로 끝내주는 여행을 다녀오는 일은 두 사람 모두 원할 수 있다. 구체적인 숫자는 빼놓고, 함께하는 삶이 어떤 모습이길 바라는지만 이야기하라.

대화하는 요령이 생길 때까지 시간이 좀 걸리겠지만 염려하지 말라. 돈 얘기는 본래 쉬운 문제가 아니다. 충분한 시간을 갖고 계속 연습하자.

서로의 우선순위를 확인하라

●

상대의 우선순위, 나의 우선순위, 우리의 우선순위. 두 사람 사이에 이처럼 세 가지 우선순위가 존재한다는 사실을 깨닫지 못하면, 그리고 그에 대해 터놓고 얘기하지 못하면 함께 가계부 쓰는 관계를 오래 지속할 수 없다. 이는 둘 사이가 얼마나 돈독한지와는 별개의 문제다.

각자 소중히 생각하는 것이 무엇인지, 커플로서 공유하고 싶은 목표는 무엇인지 분명히 이야기하지 않는다면 섣불리 추측하기 쉽다. '상대'의 우선순위가 '나'의 우선순위와 동일하다거나 '우리'의 우선순위가 '나'의 우선순위보다 더 중요하다고 지레짐작하고 만다. 이런 암묵적인 전제들 때문에 많은 사람들이 함께 가계부 쓰는 일을 부담스럽게 여긴다.

우선순위를 분명히 드러내고 스트레스 없이 가계부를 짜려면 의사소통이 핵심이다. 때로는 특정한 우선순위가 나에게만 중요한지 아니면 상대에게도 중요한지 판단하기가 쉽지 않다. 예를 들어 '나를 행복하게, 건강하게, 성공적으로 만들어 주는 일이라면 결국 상대에게도 좋은 거 아닌가?', '자녀가 있으면 가족 모두에게 좋은 일 아닌가?'와 같이 주장할 수 있다. 물론 상대도 동의한다면 나의 우선순위를 우리의 우선순위로 정해도 문제는 없다. 하지만 자칫하면 가계부에 공통 우선순위가 감당이 어려울 정도로 넘치게 된다.

따라서 우선순위를 정할 때는 '나의 것 하나', '상대의 것 하나', '우리의 것 둘' 정도로 추려 내길 추천한다. 아쉽겠지만 나만을 위한 우선순위는 한 가지만 두되, 그것만큼은 마음껏 추구할 수 있도록 서로 허락해 주자. 167쪽에서 예로 든 경우에서도 마찬가지다. 대화를 하다 보면 출산 대비나 피지 여행 등은 공동 우선순위로 정해질 수 있다. 한편, 작업실은 나의 우선순위, 코딩 수업은 상대의 우선순위로 정해진다. 이사 계약금을 모으는 일도 공동 우선순위라고 판단할 수 있지만, 일단은 다른 항목들이 우선이므로 예산까지 배정하지는 않기로 합의한다. 함께 내린 결정이기만 하다면 항목을 어떤 식으로 분류하든 상관없다.

토드와 제시카의 경우에는 오랜 시간 가계부를 공유해 왔기 때문에 가계부 데이트도 척척 진행되는 편이다. 두 사람이 대화를 해보면(혹은 제시카가 잔소리를 하면) 토드의 주된 우선순위 중 하나가 '달리기'라는 점이 자주 드러난다. 달리기에 푹 빠져 있는 토드는 꽤 많은 예산을 장비 구입이나 마사지, 경주 참가비에 사용한다. 자기 사업을 시작한 제시카는 출장이나 회의 참석, 연수 등을 본인의 새 우선순위로 여긴다. 그녀에게는 시간과 돈을 전문 기술과 인맥을 쌓는 데 투자해서 사업을 키우는 게 중요한 셈이다.

토드는 달리기를 해야 정신을 맑게 유지할 수 있고 체력을 길러야 좋은 남편이자 아빠가 될 수 있다며 달리기 비용이 공동의 우선순위라고 주장할 수도 있다. 제시카 역시 사업이 잘되면 좋은 아내이자 엄마가 되는 데 긍정적인 영향을 줄 것이라며 비슷한 주장을 할 수 있다. 이것들은 정말로 '우리'의 우선순위일까?

어떤 면에서는 그렇다고도 할 수 있지만, 토드와 제시카는 이를 '각자'의 우선순위라고 결론지었다. 평소 제시카는 러닝화에 그렇게나 많은 돈을 쓰는 게 말도 안 되는 짓이라고 생각했지만 토드를 믿기로 했다. 토드 역시 제시카를 믿기로 했다. 따라서 둘은 각자에게 판단을 맡기고 함께 힘을 합쳐야 하는 다른 목표들에 집중했다. 위층 화장실을 고치거나 아이들을 데리고 장기간 여름휴가를 다녀오는 일은 둘 다 반길 만했다.

그리고 이는 모두에게 도움이 됐다. 토드는 달리기에, 제시카는 사업에 자유롭게 돈을 사용했고 두 사람은 기꺼이 화장실 수리비와 여행 자금 저축을 공동 우선순위로 뒀다. 필요한 경우 덜 중요한 다른 목표들을 포기했다. 우선순위를 분류하는 데 정해진 방법은 없다. 머리를 맞대고 함께 결정하기만 하면 된다.

나와 줄리의 경우에는 가족끼리 휴가를 떠나는 일과 매주 한 번 밤 데이트를 즐기는 일이 중요한 우선순위에 들어간다. 우리는 아이들과 여행을 가는 게 정말 좋아서 1년에 한 번은 꼭 떠날 수 있도록 돈을 모은다. 매주 데이트 시간마다 여섯 아이를 돌봐 줄 사람을 고용하기도 한다. 우리 부부는 가끔 분위기 좋은 레스토랑에서 데이트를 할 때도 있다. 줄리가 워낙 요리를 잘하지만 둘 다 외식을 좋아해서, 집에서 해 먹을 일이 없는 음식만 사 먹는다. 어떤 경우에는 코스트코를 둘러보면서 데이트를 한다. 아이들과 유기농 젤리를 놓고 씨름할 일 없이 마트를 구석구석 다니면서 시식하는 것만으로도 만족스러울 때가 있다. 우리만 그런가?

줄리의 우선순위 중에는 멋진 가구가 포함되어 있다. 나라면 집을 죄다 이케아 가구로 채운 뒤 잊어버리고 말 텐데 아내는 정반대다. 집에 있는 가구 하나하나가 마음에 들기를 바라고, 마음에 쏙 드는 가구가 아니면 차라리 없는 게 낫다고 생각한다. 토드와 제시카가 화장실 보수를 공동 비용으로 여긴 것처럼 가구도 마찬가지가 아니냐고 주장할 수도 있다. 실제로 일반적인 가정에서는 그렇다. 하지만 우리 부부는 어떤 가구를 살지 줄리가 전적으로 선택할 수 있도록 이를 그녀의 개인적인 우선순위로 정했다. 또한 공동 우선순위였을 때 배정했을 비용보다 훨씬 많은 돈을 투자한다.

지난 몇 년간 나의 개인적인 우선순위는 테슬라 모델S였고, 드디어 작년에 구매했다. 여러 해 동안 저축을 하면서 내내 차에 대해 떠들었기 때문에 줄리는 진저리가 났다. 차를 샀으니 더 이상 앓는 소리를 듣지 않아도 된다는 사실만으로 다행이라고 생각하는 것 같다. 줄리는 우리가 어떤 차를 몰든 전혀 신경 쓰지 않기 때문에 테슬라는 가족 모두가 타더라도 순전히 내 우선순위였다. 다음 우선순위는 스키 장비다.

이처럼 상대의 우선순위와 나의 우선순위, 우리의 우선순위를 알아보기 시작하면 서로에게서 새로운 모습을 찾을 수 있다. 또 각자의 우선순위가 둘의 인생 계획에 확고한 자리를 차지하고 있다는 사실에 서로를 더 가까이 느낄 것이다.

공동 계좌를 써야 돈이 관리된다

●

커플끼리 우선순위를 결정할 때는 상대의 것과 나의 것, 그리고 우리 것을 구분할 필요가 있다고 강조했다. 하지만 돈을 어디서 가져울지, 또 어느 계좌에 둘지를 결정할 때는 그와 정반대가 되어야 한다. 즉 커플의 돈을 전부 공동 예금계좌 하나로 관리하기를 추천한다. 신용카드도 마찬가지다. 둘이서 하나만 사용하거나, 아니면 사용 내역을 따로 관리하고 싶을 경우 각자 하나씩 사용하기를 권한다.

계좌를 분리하고도 잘 생활하고 있다면, 굳이 잘못됐다고 생각할 필요는 없다. 무엇이 최선인지 결정할 권리는 당신에게 있다. 그럼에도 공동 계좌를 추천하는 이유는 간편함 때문이다. 돈이 움직이는 경로가 적어야 그만큼 관리하기가 편하다. 설령 가계부에 완벽하게 계획을 세웠다 하더라도, 신용카드 네 개는 한 개보다 다루기 어렵다. 정작 중요한 의사 결정 과정에는 집중하지 못한 채 피로만 쌓이기도 한다. 돈이 어디서 나왔으며 돈을 어디로 보내야 하는지 등 기본적인 대화를 하느라 서로의 목표와 소망에 대해서는 대화를 나누지 못한다.

누가 수입을 얼마나 벌었는지 걱정할 필요가 없다는 점에서도 공동 계좌는 도움이 된다. 이미 두 사람은 인생의 동반자가 되기로 결심했다. 누가 얼마를 벌었는지는 중요하지 않다. 함께하는 삶을 만들어 나가기 위해 함께 자금을 모을 뿐이다. 이 사실을 받아들이고 서로를 지지하면서 앞으로 나아가야 한다.

우선순위 재점검은 반드시 필요하다

5장에서 언급한 실리아와 코리 부부의 사례를 기억할 것이다. 돈을 묵히는 전략으로 그달 그달 먹고사는 삶을 빠져나온 직후, 두 사람은 가만히 앉아 우선순위를 재검토하기 시작했다. 가계부는 성공적으로 작동하고 있었지만 코리는 여전히 구체적인 숫자를 놓고 얘기하기는 꺼려졌다. 반면 실리아는 계획에 확신을 가지려면 정확한 수치를 다룰 필요가 있다고 보았다. 둘은 진솔한 대화를 통해 각자가 바라는 삶의 모습을 알아 갔다. 서로의 우선순위는 꽤 달랐지만 결국 핵심은 동일했다. 둘은 가계부를 사용해 스트레스를 줄이기를 원했다.

둘의 공동 우선순위는 부채 상환이었다. 빚을 줄이는 면에서 실질적인 성과를 본다면 스트레스를 덜 받을 것이라는 예측에 두 사람 모두 동감했다. 이로써 '우리'의 우선순위 얘기는 끝났다.

그다음으로, 코리의 개인적인 우선순위는 가계부에서 벗어나는 것이었다. 정말 그랬다. 그에게 돈 이야기는 스트레스를 더할 뿐이었다. 가계부를 관리하던 실리아는 남편이 가계부 이야기를 싫어한다는 건 알고 있었지만(그래서 우선순위를 점검해 보자고 제안한 것이었다) 그 정도인 줄은 몰랐다. '가계부에서 벗어나는 일' 자체가 우선순위라는 사실을 깨달은 것은 실리아에게 큰 도움이 됐다. 남편의 그 말은, 부채 상환이라는 공동 목표만 건드리지 않는다면 실리아 자신이 첫 번째 원칙을 어떤 식으로 적용하든 괜찮다는 뜻이었으니 말이다. 그녀는 이렇게 말한다.

"코리는 가계부를 신경 쓰지 않아도 되는 대신 제가 돈에 관해 어떤 결정을 내리든 넘어가기로 했어요. 돈을 넣었으면 하는 곳에 돈이 없더라도 이해하겠죠. 어느 달에 외식비 예산이 없더라도 '더 중요한 우선순위에 돈이 들어갔나 보다' 할 거예요. 우리 부부에게는 효과가 좋았어요. 코리는 마음이 편해졌고, 저도 결정을 내릴 때마다 그이가 어떻게 생각할지 걱정할 필요가 없거든요. 오히려 그는 자신에게 의견을 물어보지 않는 쪽을 더 좋아해요."

한편, 실리아의 개인적인 우선순위는 집 청소를 도와줄 사람을 구하는 것이었다. 코리도 이에 동의하자 실리아는 '집 청소'를 가계부의 청구서 항목에 포함시켰다.

"가계부를 짤 때, 필수 항목을 제외하면 '집 청소' 항목을 최우선순위에 두기로 합의했어요. 청소 서비스를 부를 예산을 아직 확보하진 못했지만, 가계부에 우선순위로 들어가 있다는 것만으로도 스트레스가 줄었죠. 거기에 예산을 넣을 때마다 기분이 너무 좋아요."

가계부 데이트를 하라

●

앞에서 살펴본 것처럼, 커플이라면 언젠가는 한자리에 앉아서 함께 숫자를 따져 봐야 한다. 그러나 이것이 누가 얼마를 썼는지, 혹은 대체 무슨 생각이었는지를 캐묻는 고통스러운 시간이 될 필요는 없다. 절대 그래서는 안 된다.

가계부 데이트는 솔직하게 이야기하고 상대의 말을 귀담아들으며 서로 양보하는 편안한 시간이 돼야 한다. 물론 계산기를 마구 두드리겠지만, 그 진정한 목적은 함께 세운 목표를 향해 제대로 나아가고 있는지 확인하는 것이다. 매달 가계부를 가지고 모이는 시간을 '회의'가 아니라 '데이트'처럼 여김으로써 따스한 분위기를 유지하라. 소파에 웅크리고 앉아서 아이패드를 꺼내자. 코코아도 가져오고. 아니면 카페에 가서 디저트를 해치우자고 얘기해 보라.

당신은 이렇게 생각할 것이다.

'그게 어디 말처럼 쉽겠어?'

맞는 얘기다. 대화가 저절로 따뜻해지고 솔직해지지는 않는다. 그러기 위해선 함께하는 일상 속에 반드시 가계부가 들어가 있어야 한다. 두 사람 모두에게 우선순위를 달성하고자 하는 마음이 있다면, 대화는 자연스럽게 부드러워질 것이다.

가계부를 점검하는 건 한 달에 한 번뿐일 수 있지만 가계부를 공유한다는 사실은 두 사람의 말과 행동으로 은연중에 계속 드러난다. 어떤 경우에는 대놓고 드러날 수도 있다. 예를 들면, 당신이 상대에게 "이야, 오늘 밤에 스시 하나 사 와도 비용이 맞겠는데? 에이, 그래도 남은 식비는 다음 달 여행 자금으로 넣자"라고 말하는 식이다. 혹은 그달 예산을 맞추기 위해 마트 쇼핑 목록을 놓고 둘이 같이 작전을 세운다. 그러다가 코스트코에서 최신 TV 앞에 멈춰 설 때처럼 암묵적으로 드러나기도 한다. 이때 두 사람 모두 멈칫하긴 하지만, 그리 스마트하지 않은 우리 집 TV로도 충분하기 때문에 결국 그냥 지나친다. 'TV를 살 돈이면 냉장고 살 돈을 계속 모으는 게 낫겠지'라고 생각하면서.

이처럼 일상에서 두 사람이 함께하는 순간에도 예산 계획은 계속 이루어져야 한다. 그리고 여느 팀과 마찬가지로, 계획에 대해 더 많이 소통할수록 둘은 더 강력한 팀이 된다. 비행기 조종사와 관제사를 떠올려 보자. 비행기가 이륙하기 전에 둘은 이미 여러 결정을 함께 내렸을 것이다. 하지만 필요에 따라 계획을 조정하려면 비행 중에도 통신을 유지해야 한다. 가계부를 공유하는 커플 역시 한 달에 한 번 이야기해서는 돈의 흐름을 원하는 대로 돌아가게 할 수 없다. 돈과 관련된 결정을 내릴 때마다 소통해야 한다.

매일 가계부에 대해 대화를 나누면, 매달 갖는 가계부 데이트도 비교적 수월해지며 어쩌면 그것이 가벼운 보충 시간으로 느껴진다. 30분 정도면 지난달 계획을 훑어본 후 다음 달 계획을 세우고도 남을 것이다. 경험이 쌓일수록 실력도 향상된다. 몇 달 반복하다 보면 가계부 데이트는 10~15분이면 끝날지도 모른다(그래도 '데이트'는 오래 유지하기를).

네 가지 원칙을 가계부 데이트의 지침으로 삼아라. 이제 막 가계부를 공유하기 시작했다면, 우선순위를 정한 뒤 **첫 번째 원칙**에 집중하라. 파트너와 같이 돈에 역할을 맡기면서 그달의 목표를 파악해야 한다. 가계부를 쓴 지 몇 달 안 된 시점에는 주유비나 식품비와 같은 일부 비용은 순전히 짐작으로 정할 수밖에 없다. 그래도 괜찮다. 함께 가계부를 쓰는 기간이 늘어날수록 비용을 객관적으로 파악하게 될 것이다. 얼마 지나지 않아 가계부 데이트 시간은 목표를 달성하기 위한 전략을 구상하는 시간으로 바뀐다.

우선순위를 정하고 예산을 배정하다 보면 자연스레 **두 번째 원칙**이 이어진다. 함께 장기적인 목표를 세우되, 서로 원하는 바를 솔직하게 털어놓자. 상대는 자동차 할부금을 얼른 갚고 싶어 하는데 당신은 여행 자금을 모으는 데 더 관심이 간다면 서로를 이해할 때까지 대화를 나눈다. 마찰이 생긴다면 세 가지 우선순위(상대, 나, 우리)를 기억하면서 어떤 전제를 놓치고 있는지 찾아낸다.

또한 우선순위는 변할 수 있다는 사실을 받아들여라. 상대도 처음 가계부를 만들 때는 여행 자금을 모으는 데 기꺼이 동참했지만 실제 소비 습관을 몇 달 지켜보곤 마음이 바뀌었을지도 모른다. 빚을 없애서 현금을 확보하는 게 우선이라고 생각할 수 있는 것이다. 그러나 상대가 말해 주지 않으면 당신은 이 사실을 알 도리가 없다. 솔직한 이야기를 듣고 싶다면, 가계부 데이트를 보다 편안하고 허물없는 시간으로 느껴지게 만들어야 한다.

세 번째 원칙은 가계부 데이트 때도 등장하겠지만 주로 일상에서 실체를 드러낼 것이다. "아직 17일밖에 안 됐는데 식비 예산을 다 써 버렸어!"라든가 "이달에 옷에 돈 안 쓰기로 한 거 나도 알아. 그런데 어쩌지? 사장님이랑 저녁 약속이 있는데 제일 아끼던 바지가 안 들어가네", "어떻게 당신 어머님 생신 비용을 깜빡했지?" 같은 대화 말이다. 가계부 데이트 때 목표를 수정해 유연하게 대처할 수도 있지만, 세 번째 원칙은 결코 한 달에 한 번 적용하면 되는 원칙이 아니다. 계획에서 벗어났다거나 삶이 가계부대로 흘러가지 않고 있다는 사실을 둘 중 한 사람이라도 알아챘다면, 그게 언제든 간에 대처 방안을 함께 결정할 시간을 가져야 한다.

네 번째 원칙은 두 사람의 종합 점수를 매겨 볼 수 있는 훌륭한 도구다. 다가오는 월급에 대해 어떤 식으로 대화하고 있는지만 관찰해도 돈의 '나이'를 금방 진단할 수 있다. 예산을 메우려고 다음 월급을 목이 빠지게 기다리고 있다면, 이는 돈을 조금도 묵히지 못했다는(어쩌면 숙성도가 아예 마이너스라는) 뜻이다. 아마 대화는 이런 식으로 흘러갈 것이다.

"나나 당신 월급이 들어오면 우리……"

"이번 달 나머지 예산을 짤 수 있을 거야" 혹은 "초과 지출한 항목 메울 수 있을 거야" 혹은 "다음 주에 나오는 카드 대금 낼 수 있을 거야."

딱 우리 집 모습인데 싶더라도 걱정하지 말자. 두 사람이 함께 가계부를 쓰고 있는 이상, 그달 벌어 그달 먹고사는 삶에서 곧 빠져나와 돈을 묵힐 수 있을 것이다. 그러니 조금씩 꾸준히 목표를 향해 나아갈 필요가 있다.

돈을 묵힐수록 다음 번 월급을 바라보는 관점이 완전히 달라진다. 월급이 들어와서 당신들을 구해 줄 그날까지 며칠이 남았는지 셀 필요가 없다. 이제 선택권이 생긴다. 그 돈으로 무엇이든 하고 싶은 걸 하면 된다. 원한다면 다가올 일에 투자하자. 가령 저축 계획을 세워 둔 항목에 돈을 넣는다면 목표 달성을 앞당길 수 있다. 또한 시간과 여유, 해방감도 생긴다.

당신의 짝과 대화를 더 많이 나누어라. 가계부 데이트는 그달 목표를 달성하기 위해 전략을 짜던 시간에서, 바라던 삶이 펼쳐지는 광경을 함께 감상하는 시간으로 바뀔 것이다.

자신만을 위한 용돈을 주어라

●

사람들은 가계부를 쓰면 스스로를 통제해야만 한다고 오해한다. 예산 관리가 더 이상 외식을 하면 안 된다는 뜻인 줄 안다. 스트레스를 풀러 백화점도(세일 코너조차도) 가면 안 된다고 여긴다. 그러나 지금쯤 당신은 이런 생각들이 잘못됐으며 오히려 즐거움을 가져다주는 일을 계획하는 게 매우 중요하다는 사실을 알고 있을 것이다.

사랑하는 사람과 함께 가계부를 쓸 때도 마찬가지다. 커플들이 즐거움을 추구하는 면에서 '판돈'을 올려 서로 묻지도 따지지도 않는 '개인 용돈'을 정해 놓기를 권한다. 외식이든 쇼핑이든 이미 즐거움을 가져다주는 항목들이 존재하겠지만 그건 그대로 두자. 개인 용돈은 그와 조금 차이가 있다. 각자 자기 몫을 어디에 사용하든 상대에게 설명할 책임이 없는 것이다.

용돈으로 종이학을 접어서 날려 보내더라도 본인의 선택이다. 각자 용돈을 얼마씩 가질지 합의하기만 한다면 가계부를 함께 쓰고 있다는 사실은 변하지 않는다. 이는 책 앞쪽에서 '충동구매'를 위한 예산을 마련해도 된다고 언급한 것과 비슷하다. 지출 자체는 마음 가는 대로 이루어지겠지만 여전히 가계부에 계획된 비용이다.

가계부에 용돈을 포함시키는 전략은 온 정신을 집중해서 일을 하다가도 잠시 창밖을 바라볼 여유를 갖는 것과 유사하다. 멍하니 보내는 시간도 분명 가치가 있다. 용돈 예산을 적게 책정해도 상관없다. 줄리와 내가 같이 가계부를 쓰기 시작했을 때는 용돈을 고작 5달러씩 잡았지만 효과는 굉장히 컸다. 가계부에 맞춰 살기가 힘들던 시기에 '무엇이든 하고 싶은 것'을 할 자유가 있다는 건, 어떤 식으로든 견딜 만한 힘이 되었다. 우리 부부는 지금도 용돈 예산을 유지하고 있으며(5달러 이상이라는 사실을 전할 수 있어서 기쁘다) 앞으로도 이를 포기할 생각은 없다.

스스로를 위해 시도해라. 물론 목표를 세우고 열심히 나아가야 겠지만, 지겹도록 일하다가 창밖을 내다볼 수 있는 여유를 가져라!

커플 가계부 쓰는 법

사랑하는 사람과 함께 가계부를 쓰는 것은 전혀 겁나는 일이 아니다. 다음의 기본기들을 마음에 새기고 (가계부) 사랑을 변함없이 유지하자.

• 가계부를 공유하기 시작했다면 돈과 관련된 습관과 생각은 물론 서로가 가진 자산을 정확히 파악해야 한다.

• 정기적으로 가계부 데이트를 하되 즐거운 분위기를 조성하라(이를 위한 예산을 배정할 수도 있다). 돈 이야기 자체는 오래 걸리지 않을 것이므로 함께 꾸려 나가고 싶은 인생 목표들에 대해서도 충분히 대화하자.

• 상대의 우선순위, 나의 우선순위, 우리의 우선순위를 정하라. 더 나아가 각자 마음대로 쓸 수 있는 용돈도 어느 정도 정하자.

• 가능하다면 은행 계좌와 신용카드도 합쳐야 한다. 여러 계좌를 놓고 비용을 계산하느라 시간을 낭비할 필요 없이, 함께 중요한 의사 결정을 내리는 과정에 집중할 수 있다.

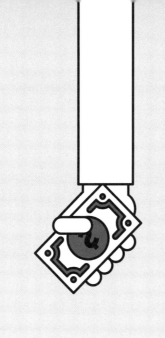

7장

빠른 속도로
빚에서
벗어나기

+ −

× =

빚을 지는 것은
노예가 되는 것이다.

랄프 왈도 에머슨

이 책을 쓰면서 나는 꽤 차분한 태도를 유지해 왔다. 지금쯤이면 내가 돈을 어디다 써라 마라 지시할 사람은 아님을 이해했을 것이다. 우선순위는 당신 스스로 결정해야 하며, 네 가지 원칙은 당신이 무엇을 하고 싶은지, 또 어떻게 해야 하는지 분명히 파악할 수 있도록 도와줄 뿐이다. 정말로 당신이 돈을 가지고 있다면 그걸 어떻게 사용하기로 결정하든 내가 판단할 문제는 아니다. 다이아몬드가 박힌 개 목걸이든 NASA급 드론이든, 본인이 행복할 자신이 있고 예산도 준비되어 있다면 사 버리면 된다.

　하지만 '빚'이라면 나도 차분함을 잃는다. 솔직히 말하자면 화가 난다. 이때만큼은 당신이 어떻게 해야 하는지 '지시'해야겠다. 효과만 있다면 메가폰에 대고 외칠 수도 있다. 내가 어떤 말을 할지 당신은 이미 알고 있을 것이다. 앞에서도 말한 바 있으니까.

빚을 없애라.

이 책을 읽고 있는 사람에게 굳이 빚을 줄이라고 설득할 필요는 없을 것이다. 가계부가 필요하다고 느끼는 것도 보통 빚 문제에 이미 부딪혔기 때문이니까. 그럼에도 내가 빚이 '왜' 문제라고 생각하는지는 제대로 설명하고 싶다.

흔히 자산 관리 전문가들은 빚을 져선 안 되는 이유를 이자 때문이라고 말한다. 물론 이자를 내는 게 유쾌한 일은 아니다. 하지만 그것은 부분적인 이유에 불과하다.

내가 생각하는 빚의 진짜 문제는 현금의 흐름을 제한하기 때문이다. 이미 벌어진 일에 매달 수백(많게는 수천) 달러를 지불하느라 자신의 우선순위에는 돈이 들어가지 못하는 것이다. 이는 이 책의 취지와는 정반대 상황이다.

나는 당신이 지금 벌어지고 있는 일이나 앞으로 벌어질 일을 두고 선택을 내리기를 바란다. 당신에게는 돈이 들어온다면 맡기고 싶은 일들이 있을 것이다. 하지만 빚이 있으면 돈이 통장에 들어오기도 전에 이미 그 주인이 정해진다. 선택의 여지가 줄어든다. 특히 주범은 신용카드 빚으로, 그 대부분은 딱히 소중하지도 않은 물건을 사느라 쌓인다. 그 결과 정작 지금 중요한 우선순위를 세우는 데 방해가 된다.

선택지에서 '빚'을 빼라

●

"빚은 선택 사항이 아니다." 이 말을 새로운 모토로 삼아라. 빚에서 벗어난 뒤 다시는 예전으로 돌아가지 않도록, 필요하다면 녹음이라도 해서 무한 반복 모드로 틀어 놓자. 이루고 싶은 목표가 너무 거창하게 느껴지거나 내야 할 요금이 어마어마하다는 생각이 들더라도, 빚은 선택지가 아니라는 확신을 가져야 한다. 오히려 스스로를 몰아붙여 해결책을 찾아내자.

오래전, 각종 청구서가 쏟아지고 출산 준비도 해야 했을 때 줄리와 내가 와이냅을 시작한 것도 바로 그런 판단 덕분이었다. 대출을 받을 생각은 없었던 나는 와이냅을 스프레드시트 형태로 판매해 보면 어떨까 생각했다. 거기서부터 삶이 바뀌었다. 당신도 빚은 선택지가 아니라는 믿음을 온 힘을 다해 밀어붙인다면 목표를 이룰 다른 방법을 찾을 수 있을 것이다.

이쯤에서 몇 가지 의문이 등장할 것이다.

"그럼 주택담보대출이나 학자금 대출은? 꼭 내야 하는 비용 중에는 현금으로 지불하기에 너무 큰 비용도 있잖아. 분명 '착한' 빚도 있다고!"

나 역시 모든 빚이 똑같다고는 여기지 않는다. 앞서 언급한 이유를 고려할 때 최악은 단연 카드 빚이다. 하지만 동일한 이유 때문에 다른 종류의 빚도 좋아하지는 않는다. 내 경험으로 볼 때 그 빚이 '착한지' 또는 '나쁜지' 판단하는 기준은 빚을 내어서 사려는 대상의 가치가 시간이 지나며 높아지는가 혹은 떨어지는가 하는 것이다. 그러므로 새 차를 구입하기 위해 대출을 받는 것은 언제나 나쁜 생각이다. 차를 몰고 도로로 나서는 순간부터 그 가치가 떨어지기 때문이다. 중고차는 감소 폭이 비교적 적긴 하지만 돈을 빌려서 사야 한다면 여전히 나쁜 판단이다.

부동산 시장이 폭등할 때 사거나 폭락할 때 파는 경우가 아니라면, 일반적으로 집은 가치가 떨어지지 않는다. 물론 나는 담보대출금을 갚는 데 열을 내고 있지만, 굳이 '착한' 빚을 꼽는다면 주택담보대출이 상황에 따라 괜찮은 경우일 수 있다. 가계부에 부담이 되지 않는 대출 조건을 끼고 자기 수준에 맞는 집을 고르기만 한다면 말이다.

자, 그런데 앞의 66쪽에서 나는 전문가들이 건네는 '주거비로 ○퍼센트 이상 쓰지 마라'는 식의 조언에 동의하지 않는다고 언급한 바 있다. 그런 조언은 당신의 결정에 영향을 줄 수 있는 수많은 요인들(교통비 등)을 간과하고 있기 때문이다. 그러니 주택담보대출을 받더라도 '가계부에 부담이 되지 않는' 선에선 괜찮다는 내 말은, 곧 당신만이 자기 인생을 넓게 바라보면서 어느 정도가 합리적인 대출인지 판단할 수 있다는 뜻이다. 스스로에게 진정한 우선순위가 무엇인지 뚜렷이 이해한다면 말이다.

당신은 내가 학자금 대출을 어떻게 생각하는지도 이미 알고 있을 것이다(101쪽을 참고하자). 학비를 빌리지 않아도 얼마든지 훌륭한 교육을 받을 수 있다. 나 역시 그랬고, 나의 여섯 아이들에게도 그 방법을 가르칠 계획이다. 당신은 학자금 대출이라면 '착한' 빚이 아니냐며 의아해할 수 있다. 물론 대학 학위는 가치가 떨어지지 않는다. 하지만 기억해야 할 점이 있다. 당신의 열정이 그만한 비용을 들일 가치가 있든 없든, 업계나 학계에서는 빚에 대해 당신이 기대한 만큼 괜찮은 '보상'을 제공하지 않는다는 사실이다.

말은 이렇게 하지만, 대학 시절은 벌써 오래전에 지나갔고 대출금도 이미 떠안고 있는 사람이 대부분일 것이다. 괜찮다. 과거에 내린 결정으로 자책해 봐야 소용없는 일이다. 그러니 빚을 없애는 데에만 집중하라. 단, 자녀가 있거나 자녀를 낳을 계획이 있는 사람이라면 아이가 대학을 진학할 때 빚을 지지 않도록 이끌어 주자. 미국 정부와 대출업계에서는 사람들이 학자금 대출을 필수라고 믿게 만들기 위해 수백만 달러를 투자해 왔다. 그리고 이는 성공을 거뒀다. 끔찍한 일이다. 고등학교마다 FAFSA(미국 연방교육부에서 주관하는 대학 학자금 보조 제도 신청 양식 - 옮긴이) 포스터가 반드시 읽어 보라는 듯이 붙어 있다. 대수롭지 않은 일처럼 너무도 자연스럽게 대출이 판을 친다.

빚은 선택지가 아니다. 나는 이 모토를 계속 고집하겠지만, 빚 없는 삶에서 이미 멀어진 사람들이 존재한다는 사실도 이해한다. 미국인의 80퍼센트가 어떤 식으로든 빚을 지고 있다고 한다. 젊은 세대는 특히 더하다. X세대는 89퍼센트가, 밀레니얼 세대는 86퍼센트가 빚을 지고 있다. 그래도 괜찮다. 치열하게 빚을 갚은 뒤 두 번째 원칙에 온 정신을 집중하라. 그렇게 빚으로부터 멀어지자.

빚이 없는 게 제일!

사람들에게 줄리와 내가 주택담보대출금을 빨리 갚아 버리려 한다고 이야기하면 이런저런 질문이 쏟아진다. '빨리 빚 갚기'가 얼른 시작해야 하는, 대단한 자산 관리 비법이라도 되는 줄 안다. 굳이 따지면 그렇다고 할 수 있다. 대출 기간보다 빨리 갚으면 어마어마한 이자를 절약할 수 있으니까. 인터넷상에는 빚을 갚는 속도에 따라 이자가 얼마나 줄어드는지 알려 주는 계산기도 있다. 하지만 우리의 목적은 그런 게 아니다.

우리 부부의 주된 동기는 자산 관리 전략과는 아무런 상관이 없다. 단지 우리 돈으로 구입한 내 집에 사는 게 좋을 뿐이다. 이를 능가할 수 있는 이유는 없다. 하루 종일 계산기를 두드려도 결국 결론은 '빚이 없는 게 제일'이라는 것이다.

내가 스물다섯 살이던 때에 우리 부부는 내가 서른이 되기 전까지는 첫 집 대출금을 다 갚겠다는 목표를 세웠다. 그리고 예정보다 8개월 일찍 목표를 이뤘다. 지금은 다시 대출을 끼고 있지만 앞으로 3년 내에 모두 갚기를 기대하고 있다. 이번에도 엄청난 자산 관리 전략이 있는 건 아니다. 빚을 갚는 것을 최우선순위 중 하나로 판

단했을 뿐이다. '내 집'에서 살고 싶고 그 목표를 앞당기는 데 우선
적으로 돈을 쓰고 싶다는 이유. 간단하다.

실질 비용을 기억하라

●

당신은 이제 나의 말에 공감할 것이다. 빚을 없애야 한다. 후회하
지 않을 것이다. 단, 방향을 제대로 잡아라. 빚을 당장 한 번에 청산
해야 한다는 뜻은 아니다. 그럴 수 있다면 정말 좋겠지만, 일단은 필
수 항목과 그 밖의 최우선순위를 가계부에 포함시킨 뒤 현실적으로
얼마를 지불할 수 있는지 알아봐야 한다.

명심하자. 두 번째 원칙과 관련된 실질 비용은 매달 나오지는 않
더라도 대부분 최우선순위에 들어간다. 이 비용을 놓치지 말자. 그
러지 않으면 '갑작스러운' 청구서가 나오는 순간 곧바로 다시 빚이
생긴다. 타이어에는 구멍이 날 것이고 가족은 명절 선물을 기대할
것이며 배우자의 생일을 그냥 넘길 순 없으니 말이다(진짜 그러지 말
기). 이런 피할 수 없는 비용들에 대한 완충장치를 마련해야 나중에
당황할 걱정 없이 빚을 갚는 데 집중할 수 있다.

두 번째 원칙이 당신의 빚 해독제가 되어 줄 것이다. 원칙을 이용
해 당신이 빚을 갚는 데 얼마를 투자할 수 있는지 파악하라. 또한 꾸
준히 원칙을 적용해 빚에서 영원히 빠져나오자. 두 번째 원칙과 빚

이 어떤 식으로 작동하는지 우리는 늘 염두에 둘 필요가 있다.

'**두 번째 원칙**을 따르면, 나중에 쓸 돈을 지금 마련한다.'

'**빚**을 지면, 나중에 들어올 돈을 지금 쓴다.'

이처럼 두 번째 원칙은 우리를 앞서 나가게 해 주지만, 빚은 뒤로 잡아당기거나 넘어뜨린다. 결국 중요한 것은 지금과 나중을 위해 현금 흐름을 터놓는 일이다. 여러 종류의 빚을 갚아 나가는 상황이라면 특히 명심하라. 부채 상환을 장려하는 조언이나 눈덩이식 상환 전략에서는 한 가지 빚을 갚고 나면 거기에 매달 지불하던 금액만큼 다른 빚을 갚는 데 쓰라고 권한다. 이 방법으로 효과를 보는 사람도 있겠지만, 빚을 갚으면서 생긴 여윳돈을 그리 섣불리 포기하지는 말자.

우선 가계부를 들여다보자. 실질 비용 중 예산을 더 든든히 마련해 두고 싶은 항목은 없는가? 처음 빚을 갚기 시작했을 때는 생각지 못했던 우선순위가 새로 떠오르진 않는가? 물론 남아 있는 다른 빚이 가장 부담스럽다면 여윳돈을 거기다 써도 좋다. 다만 기계적으로 그러지는 말아야 한다. 본인이 주도권을 잡고 있어야 한다.

따라서 빚을 여러 종류 지고 있다면 금액이 가장 작은 빚부터 갚아 버리자. 매달 매여 있는 청구서의 숫자를 줄여야 돈을 어떤 식으로 사용할지 선택할 자유가 늘어난다. 단순함이 핵심이다. 통장 개수든 빚의 가짓수든, 신경 써야 할 일이 적을수록 정말로 소중한 일에 더욱 또렷이 집중할 수 있다.

돈을 나이 들게 해서 돈 걱정을 없애라

●

미첼 버튼은 당시 갓 대학을 졸업한 밀레니얼 세대 청년이었다. 바깥세상이 어떨지 기대가 컸지만, 한편으로는 졸업장과 함께 따라온 학자금 빚 걱정에 마음이 무거웠다.

대출금의 액수가 클 것이라곤 짐작했지만 자신이 정확히 얼마나 되는 빚에 매여 있는지는 알지 못했다. 2011년 봄, 그가 드디어 처음으로 확인한 금액은…… 10만 4,000달러. 미첼은 그대로 주저앉았다.

"제 눈을 의심했어요. 속이 울렁거렸죠. 부모님한테 연락해서 여쭤 봤죠. '10만 달러나 대출받은 거 알고 계셨어요?' 하고요."

다행히 도전을 즐길 줄 알았던 미첼은 학자금 빚을 가능한 한 빨리 없애겠다고 다짐했다. 졸업식 몇 달 전부터 풀타임으로 일하기 시작해 버는 족족 대출금을 갚는 데 쏟아부었다.

"첫 직장의 연봉이 4만 5,000달러였는데, 이것저것 떼고 나면 한 달에 2,000달러 정도 쓸 수 있었어요. 1,000달러는 무조건 대출금 갚는 데 쓰려고 했지만 시카고 시내에 위치한 원룸 월세에다 다른 비용들도 감당해야 했죠. 궁지에 몰린 느낌이었고, 돈 걱정 때문에 계속 정신이 나가 있었어요."

무슨 감정인지 다들 이해할 것이다. 미첼과 같은 상황은 아니더라도 월급 날짜에 맞춰 비용을 처리하느라 스트레스를 받는 경험은 너무도 익숙하다. 이는 너무 빡빡하게 수입과 지출을 정해 살려고 하다 보니 따라오는 부작용이다. 아주 사소한 실수라도 했다가는 카드 빚까지 떠안을 수도 있으므로, 한 푼이라도 쥐어짜려고 곡예를 벌이는 입장에서는 스트레스만 더 쌓이는 것이다.

미첼은 이런 식으로 줄타기를 해선 얼마 버티지 못하리라 확신했다. 그래서 해결책을 찾아 나섰고, 그때 와이냅을 발견했다.

"네 번째 원칙은 판을 완전히 바꿨습니다. 와이냅을 시작한 지한 달 뒤부터 저는 지난달 수입으로 생활하게 되었죠. 이달 비용이 수중에 현금으로 전부 준비돼 있다고 생각하니까 스트레스가 크게 줄었어요."

땅콩버터 한 통을 사면서도 일일이 가격을 따져야 했던 미첼이 어떻게 단 몇 주 만에 돈을 30일이나 묵혀서 사용할 수 있었을까? 전략을 세우고 버텨 낸 덕분이었다.

"저는 겹겹이 쌓인 스트레스를 상대하고 있었어요. 우선 제게 빚이 있다는 스트레스가 있었고, 그달 벌어 그달 먹고산다는 스트레스, 매일 얼마를 쓸 수 있을지 계산해야 하는 스트레스도 있었죠. 실시간으로 비용을 돌려 막다 보니 일상이 점점 무너져 내리더군요. 이대로 가다가는 주저앉을 게 뻔했습니다."

미첼은 공격적으로 빚을 갚으려던 계획을 잠시 멈추었다. 그리고 그 돈을 30일 치 예비금을 만드는 데 투자함으로써 네 번째 원칙을 완벽히 적용했다. 여전히 씀씀이를 졸라매야 했지만 돈을 묵히겠다는 목표를 생각하니 좀 더 견딜 만했다. 목표를 달성하기까지는 그리 오래 걸리지 않았다(10만 4,000달러를 갚는 일보단 훨씬 쉬웠다).

이렇게 예비금을 마련한 건 미첼에게 큰 변화를 가져왔다. 더 이상 이번 주에 땅콩버터나 냉동 피자를 살 돈이 있는지 걱정할 필요가 없으니, 다른 목표들에 집중할 정신적인 여유가 생긴 것이다. 그러자 깨달음의 순간도 찾아왔다. '돈을 더 벌어야 한다'는 사실이었다.

"빚을 없애겠다는 계획이 진전을 보여서 기뻤지만 지금 연봉으로는 한계가 있다는 걸 깨달았어요. 그 전까지는 예산을 어떻게든 아껴 쓰는 데 시간과 에너지를 소모하고 있었죠. 하지만 아예 수입을 늘리는 데에 에너지를 투자했더니 상황이 훨씬 나아졌습니다."

미첼은 기존의 직장을 적당히 다니는 대신 채용 면접을 보러 다니기 시작했다. 새 일자리를 구했을 때 그의 연봉은 기존의 4만 5,000달러에서 6만 5,000달러로 뛰었다. 이후 2년에 걸쳐 두 번의 연봉 협상에 성공했고, 최종적으로는 9만 달러 연봉에 안착했다. 여분의 돈을 만들기 위해 프리랜서 일도 병행했더니 1년에 약 1만 달러의 수입이 들어왔다. 미첼은 이 시기 내내 연봉 4만 5,000달러를 받던 때처럼 생활했고 남는 돈은 전부 빚을 갚는 데 집어넣었다.

이 이야기에서 구체적인 숫자 자체는 중요하지 않다. 운 좋게도 미첼은 돈을 많이 벌게 됐지만, 당신도 연봉을 2만 5,000달러에서 3만 달러로 늘리는 등 비슷한 발전을 거둘 수 있다. 여기서 중요한 점은 수입이 늘더라도 소비 습관은 똑같이 유지하는 것이다. 앞에서 설명했듯 '라이프스타일 크리프'라는 괴물 때문에 느슨해져서는 애써 올린 수입을 흘려보내지 말아야 한다. 더 중요한 목표들에 계속 집중하라.

빨리 빚을 갚으려면 우선 속도를 늦춰라

●

또 하나 흥미로운 사실은, 미첼은 속도를 내기 전에 우선 속도를 낮췄다는 점이다. 초반에는 남는 돈을 몽땅 빚에 집어넣었지만 효과가 크지 않자, 한발 물러선 뒤 무엇이 최선인지 파악한 다음 다시 앞으로 나아갔다. 그 결과 미첼은 서른 살이 되기 전까지 다 갚겠다고 계획했던 학자금 대출금을 스물일곱 살에 모두 갚았다.

그의 목표 달성에 쐐기를 박은 건 네 번째 원칙이었지만, 다음과 같은 성공 요인도 몇 가지 존재한다.

두 번째 원칙을 적용한다

"실질 비용을 미리 저축한 덕분에 궤도를 벗어나지 않을 수 있었어요. 다른 가계부 프로그램도 여럿 시도해 봤는데 두 번째 원칙 같은 건 존재하지 않더라고요. 가끔 예상치 못한 비용이 닥칠 때마다 스트레스를 받고 우울해졌습니다. 크리스마스 시즌이 최악이었죠. 물론 아예 선물을 포기하고 뻔뻔한 인간으로 남는 방법도 있었지만

현실적인 선택지 같지는 않았어요. 그래서 12월에는 빚을 갚는 데
덜 투자할 수밖에 없었고, 그 사실이 마음에 들지 않았죠. 그리고 저
는 여행도 좋아하는데, 두 번째 원칙을 따르니 대출금을 갚으면서
도 여행 자금을 준비할 수 있었어요."

수입을 늘린다

"많은 사람들이 계산할 때 수입이라는 변수를 고려하지 않는 것
같아요. 당연히 절약도 좋은 방법이죠. 하지만 얼마 되지도 않는 돈
을 아끼고 또 아끼려고 애쓰다 보면, 돈을 더 많이 버는 데 투자할
수 있는 시간과 에너지를 뺏기게 돼요. '비용을 줄이는 데에는 한계
가 있다.' 제가 배운 가장 중요한 교훈 중 하나죠. 어떤 금전적인 목
표든 빨리 이루고 싶다면 수입을 늘리는 게 도움이 돼요. 전략을 잘
세워야 합니다. 가계부에 있는 목표를 이루기 위해 계획을 세우듯
이, 수입을 늘리는 목표를 이루기 위해서도 계획을 잘 세우는 게 좋
아요."

큰 그림을 기억한다

"가계부를 쓰면서 짠돌이가 되긴 했지만 전혀 기분 나쁘지 않아
요. 이제는 순간적인 만족을 돈으로 살 수 있는 상황이 돼도 장기적
인 목표를 훨씬 더 앞자리에 두거든요. 요즘은 집을 장만하려고 돈
을 모으는 중이에요. 마트에서 뭔가 쓸데없는 걸 사고 싶은 마음이

생기면 스스로를 억누르죠. 과자 한 봉지 값이라도 내 집 마련에 들어갔으면 해서요. 일단 목표를 달성하고 나면 그때는 저 자신도 돌보겠지만, 지금은 저축액이 쌓이는 쪽이 더 만족스러워요."

현재 미첼이 주택담보대출 회사에 근무하고 있다는 사실은 참 아이러니하다. 그는 자신의 집을 다름 아닌 '자기 돈'으로 장만할 계획이기 때문이다. 주택담보대출처럼 명분이 괜찮더라도 또다시 빚을 지고 싶진 않아서다. 따라서 미첼은 지금 연봉을 12만 달러나 받으면서도 4만 5,000달러에 맞춘 생활 방식을 고수하고 있으며, 남는 돈은 꿈에 그리던 집을 사기 위해 저축하고 있다. 분명 그는 계획보다도 일찍 자신의 집을 장만할 것이다.

노력하는 만큼 돈이 늘어난다

●

수입의 절반 이상을 빚 갚는 데 쓰고 마트 식빵이나 뜯어 먹으며 살아간다니, 현실적으로 미첼을 흉내 내기는 어려워 보인다. 수입을 몇 배로 올리는 것 역시 쉬운 일은 아니다. 그렇다 해도 어느 쪽이든 너무 쉽게 포기하지는 말자. 모두가 알고 있듯, 노력 없이는 그 어떤 목표도 이룰 수 없다. 무거운 빚을 지고 있는 사람이 진지하게 빚을 없애고 싶다면 자신의 삶 전체를 바꾸는 수준으로 변화해야 한다.

최소한, 카드 빚을 떠안게 만든 생활 습관이라도 깨부숴야 한다.

발전은 일단 불이 붙으면 활활 타오르는 경향이 있다. 빚을 갚는 면에서는 특히 더 그렇다. 목표를 이룰수록 더 많은 목표를 이루고 싶어진다. 빚이 줄어들수록 빚 없는 삶이 눈앞에 더 또렷이 그려진다. 이런 식으로, 빚더미에서 빠져나와 돈더미를 쌓는 단계까지 금방 나아갈 수 있다. 앞의 사례에서 미첼이 그랬고, 트레이시와 댄 부부 또한 큰 빚을 갚은 뒤 비슷한 경험을 했다.

4장에서 트레이시와 댄이 가계부를 사용해 어떻게 실직한 상황을 극복했는지 살펴본 바 있다. 정작 비상시에는 필요하지도 않았던 비상 자금을 모으기 전, 둘은 다가올 결혼식 비용을 모으려고 혈안이 되어 있었다. 결혼식까지 남은 1년 6개월 동안 빚을 없애고 2만 5,000달러를 모으겠다는 큰 목표를 세웠다. 엄청난 노력이 필요한 목표였다.

트레이시는 그때를 떠올리며 이렇게 말한다.

"어마어마한 희생이 필요했죠. 우리는 집세와 공과금, 식비를 줄이거나 아예 없애려고 둘 다 본가로 들어갔어요. 맞아요, 사생활도 없어졌죠. 하지만 어쨌든 수입 3분의 1만으로 생활할 수 있었어요. 나머지는 빚을 갚거나 저축하는 데 썼죠. 솔직히 말하면 당시에 우리 일상은 엄청나게 지루했어요."

친구들과 놀고 싶거나 데이트를 하고 싶으면 머리를 써야 했다.

"기본적으로는 집에서 다 해결했어요. 밤에 와인을 한잔씩 하면서 영화를 보거나 저녁을 해 먹는 식으로요. 밖에 나가고 싶으면 레스토랑에 가는 대신 스타벅스를 택했죠. 다른 친구들처럼 옷을 사거나 파티에 다니지 않았어요. 너무 지칠 때면 잠깐만 이렇게 사는 거라고 되뇌었죠."

그러자 돈이 늘어나는 속도에 불이 붙기 시작했다. 몇 달이 지난 뒤 둘은 목표를 한 단계 높이기로 결정했다. 트레이시는 결혼식 전에 자동차 대출금 2만 1,000달러를 갚겠다고 다짐했고, 댄도 카드 빚 3만 달러를 해결하겠다고 약속했다. 대망의 결혼식 날, 둘은 빚에서 완전히 빠져나온 데다 결혼식은 물론 신혼여행 경비도 충분히 마련할 수 있었다. 1년 6개월간 노력한 덕분에 깨끗한 재정 상태로 결혼 생활을 시작할 수 있었던 것이다.

이들의 상황이 당신과 전혀 다르다고 느낀다면, 아마 당신은 이런 이야기를 무시하고 넘길 것이다. 물론 우리 모두가 부모님 댁으로 들어갈 수는 없다. 누군가는 땅콩버터만 먹고 살아갈 자신이 없을 것이다.

그럼에도 우리는 이 사람들의 노력에 주목해야 한다. 이들도 빚을 갚는 여정을 떠나기 전에는 끝에 다다르는 게 불가능해 보였다. 하지만 나름의 목표를 세웠고 오랫동안 매일 꾸준히 노력했다.

결국 노력한 만큼 성공한다. 노력은 쉽지 않지만, 그렇다고 멈추지 말아야 한다. 꾸준한 노력 없이 위대한 목표를 이룬 사람은 아무도 없다.

가장 큰 문제는 소비 습관이다

●

홀리 맥켄지는 자신의 꽉 막힌 재정 상태를 풀어내려면 부단한 노력뿐 아니라 약간의 창의력도 발휘해야 한다는 사실을 직감했다.

2014년 봄, 파혼을 결정한 홀리에게는 해결해야 할 문제가 몇 가지 생겼다. 가장 큰 문제는 혼자 힘으로 생활비를 벌어야 한다는 것이었다. 메인주에서 정규직 토목 기사로 일하곤 있었지만, 그 소득만으로는 비용을 전부 감당할 수가 없었다. 수입을 늘릴 방법을 찾아야 했다. 당장 떠오른 해결책은 방 하나를 세놓는 것이었다. 세를 놓은 뒤에도 여전히 빠듯했지만 그래도 효과는 있었다.

이듬해 봄, 세입자가 나갈 때가 되자 홀리는 다시 똑같은 문제에 봉착했다. 세입자를 또 구하고 싶지는 않았다. 게다가 그녀는 문제의 근원에 자리 잡고 있는 더 큰 문제가 무엇인지 알고 있었다. 바로 자신의 소비 습관이었다. 홀리는 타깃에만 가면 물건을 마구 사들였다. 그 시뻘건 문으로 들어갈 때는 달걀만 살 생각이었는데 나올 때는 꼭 새 운동복(혹은 접시나 커피 머신)까지 들고 나왔다.

통장에서 한 번에 수백 달러가 빠져나가는 걸 볼 자신이 없었던 그녀가 세운 전략은 '비싼 물건은 신용카드로 긁기'였다. 그러다 보니 월급이 들어오는 순간만 제외하면 계좌 잔고는 바닥이거나 초과 인출된 상태였다. 그나마 신용 대출 서비스 덕분에 매번 버텼다. 때마다 다음 번 월급으로 상황을 수습한 뒤 다시 악순환을 반복했다.

그동안 카드 빚은 점점 불어났다.

홀리는 자신의 소비 습관 때문에 대출금을 감당하기가 어려워지고 있다는 사실을 알고 있었다. 세입자가 나간다는 소식을 듣자 뭔가를 해야겠다는 생각은 들었지만, 무엇을 해야 할지 감이 오지 않았다. 직장 동료가 자신의 가계부에 대해 이야기하는 걸 들어도 확신이 서지 않았다. 그녀는 이렇게 말한다.

"당시엔 식비 예산 같은 개념은 이해가 잘 안 됐어요. '뭐? 먹는 데에도 제한을 둔다고?' 싶었던 거죠."

하지만 카드 대금을 갚지 못할까 봐 겁났던 홀리는 한번 가계부를 써 보기로 결심했다. 그리고 가계부를 만드는 동안 그녀의 머릿속에서 무언가 번쩍했다. 엔지니어인 홀리로서는 숫자를 다루는 것도 문제를 해결하는 것도 너무나 재미있었던 것이다. 가계부는 그 둘의 완벽한 조합이었고, 홀리는 빠져들기 시작했다.

참고로 평소 홀리는 토목공사 일이 없을 때는 비치보디Beachbody (다양한 헬스 프로그램 및 상품을 제공하는 다국적 기업 – 옮긴이) 코치로 부업을 뛰고 있었다. 가계부를 쓰기 시작하면서 그녀는 카드 빚 1만 달러를 갚는 데 열을 올렸다. 부업을 더 열심히 뛰었고, 첫 번째 원칙과 두 번째 원칙에 집중했다.

"저는 최악을 대비하면서 중요한 항목들에 예산을 배정하려고 애썼어요. 처음 가계부를 작성하기 시작했을 때는 제 오래된 지프차가 고장 날 경우를 생각해 돈을 자동차 수리비 항목에 집어넣었죠. 대출금 항목에는 늘 여윳돈을 얹어서 넣었어요. 어디 수리할 일이 생기면 꺼내 쓰려고요. 빚을 갚는 데 집중하고 있는데 다른 일이 터지면, 그냥 빚은 잠시 놔두고 돈을 그쪽 비용으로 보냈어요."

홀리는 5개월도 채 되지 않아 카드 빚을 다 갚았다. 그녀의 수중에는 대출금과 크리스마스 선물 비용, 푼타카나 여행 자금을 전부 무난히 지불할 수 있는 돈이 남아 있었다. 게다가 상태가 좋지 않은 지프차를 내주는 대신, 보상 판매로 2016년형 도요타 4러너를 등록비 1,000달러에 구했다.

다음 목표는 학자금 대출 8,000달러였는데, 홀리는 2016년 5월(예산을 세우고 가계부를 쓴 지 1년도 안 된 시점)에 마지막 납입금을 해치웠다. 결국 남은 빚은 새로 산 자동차 대출금뿐이었다. 물론 그마저도 대출 기간이 절반 지났을 때 모조리 갚았다.

여러 차례 성공을 거두면서 홀리는 자신감을 크게 얻었고, 그만큼 더 많은 성공을 거둘 힘이 생겼다.

"소비 습관도 바꿨고, 신용카드 빚과 학자금 빚에서도 빠져나왔으니 솔직히 뭐든 할 수 있을 것 같았죠. 비치보디 코치 일은 건당 돈을 받는 식이었기 때문에 더 열심히 일을 해야겠다고 생각했어요. 강력한 동기부여가 된 셈이죠. 물론 다른 사람들이 건강한 삶을 찾길 바라기도 하고요. 가계부 덕분에 저는 더 나은 사업가이자 리더, 커리어우먼이 됐어요."

가계부를 시작했을 때, 홀리의 수중에는 1,000달러는 커녕 1만

8,000달러의 빚만 있을 뿐이었다. 그러나 이제 그녀의 계좌에는 족히 수만 달러의 돈이 들어 있다. 휴가도 빚 없이 다녀오고 직장 동료나 가족에게 대접도 하는 그녀는 무엇보다 돈에 대한 스트레스를 전혀 받지 않으면서 살고 있다.

어떤 상황에서도 빚을 없앨 수 있다

"빚은 선택지가 아니다", 이 말을 모토로 삼으면 인생이 바뀐다. 지금 빚에 파묻혀 있지 않더라도 앞으로도 빚을 피하는 데 도움이 된다. 빚 없는 행복에 동참하고자 한다면, 다음의 두 가지를 기억하라.

• **실질 비용**부터 먼저 준비하라

: 빚을 갚는 데 돈을 전부 쏟아붓더라도 새 청구서가 나오자마자 잔고를 탈탈 털린다면 아무 소용이 없다. 현금의 흐름이 막혀 있다면 실질 비용은 특히 대처하기가 까다롭다. 비용이 하나라도 갑자기 나오면 다시 빚을 지게 된다.

• **노력** 없이는 멀리 나아갈 수 없다

: 마트 식빵만 먹고 생활하는 정도는 아니어도, 창의력을 발휘하면 돈을 덜 쓰거나 더 벌 방법을 찾을 수 있다. 오랜 시간에 걸쳐 꾸준히 애써 보자. 결국 당신은 목표에 닿을 것이므로 그런 노력이 전혀 아깝지 않을 것이다.

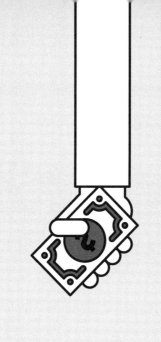

8장

자녀에게도 돈 관리법을 알려 줄 수 있다

돈에 관해 자식을 교육시키는 가장 손쉬운 방법은
그 부모가 돈이 없는 것이다.

캐서린 화이트혼

이번 장은 모든 사람에게 적용되지는 않는다. 그럼에도 '자녀와 돈'이라는 주제는 매우 중요하므로 아이를 둔 독자들을 위해 글을 쓰고자 한다.

자녀와 돈 이야기를 나누기는 쉽지 않다. 가정의 재정 상황이 어떠하든, 아이에게 돈에 관한 균형 잡힌 시각을 갖게 하기 위해 어떤 말을 해 줘야 좋을지 판단하기가 어려울 것이다. 만약 집안 형편이 어렵다면 아이들이 괜히 걱정할까 봐 조심스러울 것이고, 자녀 앞으로 신탁 자금이라도 준비해 뒀다면 아이들이 굳이 열심히 일할 필요가 없다고 생각할까 봐 걱정이다. 경제적으로 형편이 어디쯤 위치하더라도 곤란하기는 마찬가지다.

〈뉴욕타임스〉의 칼럼니스트 론 리버는 자녀가 돈을 잘 다루도록 양육하는 방법을 《버릇 있는 아이들The Opposite of Spoiled》이라는 훌륭한 책을 통해 소개했다. 그의 조언 가운데는 자녀와 돈에 관해 대화하는 법을 깊게 다룬 부분도 있다. 여기서 나는 론의 노고가 담긴 결실을 그대로 베끼지는 않겠다. 사실 그의 책을 읽고 론과 인터뷰한 뒤, 그의 조언을 내 여섯 아이들(페이는 겨우 한 살이었으니까 정확히는 다섯 아이들)에게 적용하기도 했다. 하지만 이 책에서는 자녀들이 돈과 건강한 관계를 맺을 수 있도록 우리 부부가 사용한 실용적인 방법들에 초점을 맞추고자 한다.

우리 가족의 일상을 참고해 자녀들과 균형 잡힌 돈 이야기를 나누기 바란다. 론의 조언도 영감을 주었지만, 당연히 네 가지 원칙도 빠지지 않는다.

그런데 원칙이든 뭐든 간에, 일단 아이들에게도 돈이 있어야 하지 않을까? 개인적으로는 자녀들이 일찍부터 돈 관리하는 법을 배울 수 있도록 용돈을 줘야 한다고 생각한다. 얼마 안 되는 액수라면 아이가 버릇을 잘못 들일까 봐 걱정할 필요는 없을 것이다. 적어도 내 경험으로는 정반대 결과가 나온다. 즉 적당한 용돈을 주면 아이들은 돈이 한정된 자원이라는 사실을 금세 깨닫는다. 또한 무언가를, 특히 값비싼 물건을 사고 싶다면 갖고 있는 돈으로 현명한 선택을 해야 한다는 사실까지 말이다.

줄리와 나는 아이들이 여덟 살이 되면 예산 관리법을 가르치기 시작한다. 여덟 살이 안 된 아이들은 용돈을 어떻게 쓰든 내버려 둔다. 다섯 살짜리 딸 로즈는 거의 3개월 동안 용돈을 자기 베개 밑에 모아 뒀다. 우리는 더 좋은 방법이 있다고 설득하려 했지만 아이는 베개를 고집했다. 뭐, 괜찮다. 결국 몇 달러씩 잃어버리면 우리가 집 여기 저기서 돈을 찾아냈다. 그러고는 용돈함에 넣어 뒀다가 그 다음 주에 로즈에게 다시 용돈으로 주곤 했다. 딸은 꿈에도 몰랐을 것이다.

일곱 살인 맥스는 전에는 매주 몇 달러씩 받으면 옷장에 쑤셔 넣었다가 충분히 모였다 싶으면 마트에 가서 레고 블록을 샀다.

우리 부부는 아이의 나이와 관계없이 모두에게 동일한 철칙을 적용했다. "직접 부딪치면서 배우게 하자."

로즈의 경우에는 돈을 어떤 식으로 관리하든 내버려 뒀다. 사고 싶은 물건이 생겼는데 돈이 없어져서 한 번쯤 당황해 봐야 베개 밑에 돈을 숨기는 게 좋은 생각이 아님을 깨달을 테니까. 맥스의 경우에는 용돈을 모아 레고를 사더라도 건드리지 않았다.

그보다 나이가 위인 아이들에게도 이는 마찬가지다. 포터(열세 살), 해리슨(열한 살), 리디아(아홉 살)는 각자 가계부를 가지고 있으며, 몇 가지 조건만 지켜 주면 자기 돈으로 무엇을 하든 우리는 신경 쓰지 않는다. 그 조건은 다음의 두 가지다.

- 베푸는 일을 위해 용돈의 10퍼센트를 떼어 놓기
- 쓰고 남은 용돈의 50퍼센트는 저축하기

나머지 돈으로는 무엇이든 하고 싶은 대로 하면 된다. 아이들에게 자유를 허락해 주는 건 정말 중요하다. 그러지 않으면 책임감을 제대로 가르칠 방법이 없기 때문이다. 때로는 아이들이 용돈을 몽땅 군것질에 쓰겠지만, 그런 선택을 할 기회도 필요하다. 어른들이 계속 배달 음식을 시켜 먹다가 결국 목표에서 멀어지고 있다는 사실을 깨닫는 것처럼, 아이들도 계속 군것질을 하다가는 그와 같은 일이 벌어진다는 사실을 깨달아야 한다.

돈을 낭비할 기회를 주어라. 알뜰한 부모라면 그러기가 쉽지 않겠지만, 저축하거나 베풀 때만큼 군것질을 할 때도 얻을 수 있는 교훈이 많다. 게다가 위험하고 값비싼 데에 돈을 쓰느니 과자 정도로 배움의 기회를 얻는 게 더 낫지 않은가? 아이에게 예산 관리를 가르칠 때는 마음을 비우자. 일주일에 몇 달러 정도 쥐여 주는 게 전부라면 인생 교훈을 싼값에 가르치는 것이다.

부모로서 해야 할 일은 배움의 방향을 잡아 주는 것이다. 우리 부부는 꼬마들에게까지 네 가지 원칙을 강조하지는 않지만, 그래도 아이들이 돈을 쓰기 전에 생각하는 과정을 거치도록 애쓰고 있다. "정말 그게 갖고 싶니? 그것 말고 더 갖고 싶은 건 없어?" 같은 질문을 사용해 대화를 가볍게 유지한다. 여덟 살이 안 된 아이들에게 이 이상의 기준을 들이대지는 않는다. 그 나이대에는 돈이라는 게 존재한다는 사실을 알고 연습을 시작하는 정도면 충분하다.

물론 어린 자녀들이 보다 많이 배울 준비가 됐다고 느낀다면 조금 더 가르쳐 줘도 좋다. 우리 부부의 경우는 단지 아이들이 여럿이라 힘든 것일 수 있다. 나이가 위인 아이들 셋에게만 가계부 쓰는 법을 도와줘도 교육열이 다 식어 버리는 느낌이니까. 그러다 보니 지금으로서는 작은 아이들에게 돈을 줘서 자신도 용돈을 받는다고 만족하게 만들면 그만이다. 물론 이 아이들도 곧 네 가지 원칙을 배우게 될 것이다. 하지만 아직은 여섯 아이들과 무사하고 행복하게 하루를 마칠 수 있다면 그걸로 충분하다.

내버려 두는 지혜를 발휘하라

내가 자녀들에게 가계부를 쓰도록 가르칠 때 가장 어려웠던 부분은 아이를 '내버려 두는' 일이었다. 돈이 아이에게 넘어간 순간 부모가 대신 관리하거나 간섭해서는 안 된다며 열심히 되뇌어야 했다.

몇 년 전 포터가 여덟 살이 되어 가계부를 쓰기 시작했을 때, 줄리와 나는 그동안 포터의 생일마다 들어왔던 돈에 대해 설명해 주기로 했다. 친지들로부터 받은 돈이 쌓여 포터 앞으로는 100달러 정도가 있었다.

우리 부부는 아이가 어린 나이에 그만한 돈을 만지는 게 엄청난 일이라는 걸 표현하려고 애썼다. 침대에 걸터앉아, 네가 아가일 때부터 모으기 시작해서 이 정도의 돈이 쌓일 때까지 몇 년에 또 몇 년이 걸렸노라고 말해 주었다.

이제 포터가 100달러의 어마어마한 가치를 이해했으리라고 생각한 우리는 아이에게 그 돈으로 뭘 하고 싶은지 물었다.

포터는 갖고 싶은 걸 곧바로 떠올렸다. 어린이용 태블릿 PC인 리프 패드LeapPad였다.

나는 그게 오래갈 리가 없다고 직감했다. 그래서 아이에게 그 패드가 별로 잘 만들어진 것 같지 않으며 아마 금방 질릴 거라고 이야기했다. 포터가 스스로 결정을 내리도록 내버려 두기까지 정말 힘든 시간을 보냈다. 마지막에는 절박한 마음으로, 100달러가 얼마나 큰 돈인지 아이가 제대로 이해하길 기대하면서 1달러짜리로만 100장을 채워 포터 손에 쥐여 주었다. '그럼 분명 저축하고 싶은 마음이 들겠지' 하는 생각이었다.

하지만 베스트바이Best Buy(미국의 전자 제품 및 컴퓨터 관련 제품 유통업체 – 옮긴이)에 데려갔을 때 포터는 돈 무더기를 계산대에 내려놓고는 새 장난감을 들고 곧장 뛰어나갔다. 그럼에도 예상대로 아이는 리프패드를 그리 오래 좋아하지 않았다. 심지어 몇 주가 지나자 존재 자체도 잊고 말았다.

이후 포터는 가계부를 몇 달 써 보더니 그 100달러를 언급했다. 그 돈으로 할 수 있는 일들을 다 떠올려 보자 그때 낭비했다는 느낌이 든다는 것이었다. 새 자전거 구입 자금에 보태거나 친구들과 놀러 갈 때를 대비해 저축하지 않은 것을 후회했다.

나는 굳이 말을 덧붙이지 않았다. 내 의견은 중요하지 않았다. 이번 경험은 포터가 미래에 돈에 관한 결정을 내릴 때 분명 영향을 미칠 것이라는 점, 바로 그 사실이 중요했다. 결국 나는 100달러가 낭비됐다고 생각하지 않는다. 그저 포터의(그리고 나의) 성장통 중 하나였을 뿐이다.

아이들에게 용돈을 얼마나 줄 것인가

●

먼저 '용돈'이라는 주제를 한번 살펴보자. 줄리와 나는 아이들에게 용돈을 얼마씩 줘야 하는지 판단하느라 꽤 오랜 시간 애를 먹었다. 한때는 용돈을 심부름과 연결 짓기도 했다. 집안일을 할 의향이 얼마나 있는지, 또 얼마나 잘했는지에 따라 용돈의 액수가 달라지는 식이었다.

하지만 별로 좋은 방법은 아니었다. 일단 우리가 스트레스를 받았다. 매번 수준을 맞춰서 일을 시켜야 했고, 누구에게 얼마를 줘야 할지 주관적으로 결정해야 했다. 아이들도 싫어했다. 아이들은 그 주에 자신이 얼마를 받을 수 있는지 알 방법이 없었다. 게다가 엄마의 기분에 따라 받는 돈이 달라진다고 생각하고 있었다. 공평하게 느껴질 리 없었다.

이때 론 리버가 용돈에 관해 건넨 조언은 우리 부부에게 돌파구가 되었다. 그는 자녀에게 용돈이 '어떤 일을 수행하는 대가'로 받는 임금처럼 느껴져선 안 된다고 했다. 집안일은 가족이 서로를 사랑하고 집이 제대로 기능하기를 바라기 때문에 하는 것이므로, 돈과 분리되어야 한다는 말이었다. 집안일은 당연한 의무이자 기쁨과 사랑, 헌신으로 해야 하는 일이라는 그의 생각에 나도 전적으로 동의한다.

줄리와 나는 용돈을 늘 학습 도구로 여기긴 했지만, 론과 대화를 나누면서 한 단계 더 나아갔다. 론은 부모들이 자녀가 악기나 미술 재료를 가지고 연습하기를 바라듯 아이가 돈을 가지고도 연습하기를 바라야 한다고 지적한다. 부모는 자녀가 어떤 일들을 잘하기를 기대하는데, 마찬가지로 돈을 다루는 법도 잘하기를 기대해야 한다고 말이다. 아이들이 집안일을 돕지 않는다고 해서 책이나 바이올린을 빼앗지는 않는 것처럼, 똑같은 상황에서 돈을 빼앗아서도 안 되는 것이다.

나는 론과 인터뷰를 마친 뒤 줄리와 대화를 나눴고, 그날 저녁 우리는 새로운 용돈 시스템을 발표하기로 결정했다. 이제 집안일은 '아웃'. 아이들 각자에게 나이에 따라 매번 일정한 금액의 용돈을 주기로 했다. 일주일 단위로 포터와 해리슨에게는 5달러, 리디아에게는 3달러, 맥스에게는 2달러, 로즈에게는 1달러를 주기로 했다. 우리 부부는 이렇게 한시름 놓았고, 정확히 얼마를 받을지 알게 된 아이들도 기뻐했다.

집마다 자기 가족에게 가장 잘 맞는 방법을 찾아야 하겠지만, 개인적으로는 이런 기본적인 방식을 추천한다. 자녀에게 주는 용돈을 학습의 기회로 여기자. 용돈을 일정하게 꾸준히 주고 다른 책임과는 분리시키자. 이처럼 단순한 시스템으로도 자녀에게 훌륭한 어른으로 성장하는 데 필요한 요소들, 즉 참을성과 너그러움, 책임감을 가르칠 수 있다.

아이도 충분히 돈 관리를 잘할 수 있다

●

사람들에게 아이들이 여덟 살이 되면 가계부 쓰는 법을 가르쳐준다고 하면 다들 묘한 표정을 짓는다. 이제는 그 표정이 무슨 뜻인지 안다. 말하자면 이런 거다.

'여덟 살짜리 애가 예산이니 우선순위니 하는 것들을 무슨 수로 이해한다는 거야? 애들이 불쌍하기도 하지.'

그러나 다들 당신의 자녀를 좀 더 믿어 주어야 할 것 같다. 흔히 사람들은 아이들을 과소평가하면서 아이들이 돈이나 가계부를 잘 다루지 못한다고 여긴다. 그래서 다음과 같은 실수를 한다.

- 자녀들이 다 자라고 나서야 예산 관리법을 가르친다.
- 한 번에 너무 많은 내용을 가르친다.
- 자녀들의 삶과 관련 없는 내용을 가르친다.

이제는 이렇게 해 보자.

- 일찍부터 가르친다.
- 천천히 가르친다.
- 아이들의 현실에 맞춘다.

중학생 아이는 받게 될 청구서가 없으니 청구서에 우선순위를 매기는 법에는 관심이 없을 것이다. 하지만 갓 출시된 아이폰을 너무나 사고 싶어 한다면? 크리스마스까지 기다리기에는 너무 오랜 시간이 남았다. 그 순간 저축을 우선순위에 둔다는 개념이 중학생에게도 아주 흥미롭게 느껴질 것이다.

반대로 자녀들이 꽤 컸는데 이제야 돈 이야기를 시작한다고 해서 좌절할 필요는 없다. 아직 한집에 같이 살고 있을 때 시도하는 것만으로도 충분히 이른 편이다.

금융그룹 유에스 뱅크의 조사 결과에 따르면, 고등학생 및 대학생 중 18퍼센트만이 부모로부터 돈 관리하는 법을 배웠다고 답했다. 따라서 자녀가 몇 살이든 지금부터 교육을 시작한다면 아이가 성공적으로 돈을 관리하도록 이끌어 줄 수 있다.

아이의 눈으로 보는 네 가지 원칙

●

아이들과 가계부를 쓰면서 가장 먼저 알아차린 사실 하나는, 아이들은 어른들과 달리 편견이 없다는 점이다. 가계부를 쓰면 제약이 생긴다거나 재미를 포기해야 한다는 오해를 하지 않는다. 아내와 나는 아이들이 우리가 겪는 불안감을 똑같이 겪을까 봐 걱정했지만 전혀 그렇지 않았다.

아이들은 새하얀 도화지 같았다. 가계부를 볼 때마다 '뭘 하면 좋을까?' 하고 생각할 뿐이었다. 무엇을 하고 싶은지 떠올리는 것만으로도 신이 나 보였다. 아이들의 본능적인 반응은 오히려 우리 어른들이 배울 만한 태도다. 물론 아이들의 가계부에는 딱히 큰 리스크가 없긴 하다. 그러나 가계부가 얼마나 좋은지 일찍부터 깨닫는다면 돈과 균형 잡힌 관계를 맺을 준비를 갖추게 된다. 이 점에서 대단히 큰 의미가 있다.

아이들에게 네 가지 원칙을 가르치기 시작하면서, 나는 각자에게 은행 계좌를 개설해 주고 와이냅 소프트웨어를 사용해 가계부도 만들어 주었다. 가계부에서 자산을 손쉽게 확인할 수 있도록 용돈은 자동이체로 넣어 주었다.

와이냅을 사용하지 않는 사람이라면 엑셀이나 노트를 이용해서 자녀에게 가계부를 만들어 줄 수 있다. 용돈은 현금을 줘도 좋고 계좌로 자동이체를 설정해 둬도 좋다. 단, 어떤 방식이든 간에 아이들이 자기 돈을 두 눈으로 확인할 수 있게 해 줘야 한다. 그래야 가계부가 현실로 다가오기 때문이다. 용돈을 계좌로 넣어 준다면 매주 로그인해서 아이에게 잔고를 보여 주자. 현금으로 준다면 가계부를 작성할 때 근처에 두고 볼 수 있게 하자.

나는 아이들이 매주 가계부를 쓸 때마다 옆에 같이 앉는다. 아내와 내가 제시한 조건대로 용돈의 10퍼센트 떼어 놓기와 잔액의 50퍼센트 저축하기만 지키면 그 외에는 본인들이 원하는 대로 가계부를 짜게 내버려 둔다. 나는 그저 아이 옆에서 격려할 뿐이다. 아주 가끔 영향력을 행사할 때도 있지만.

중요한 첫 단추는 (어른들과 마찬가지로) 우선순위를 결정하는 일이다. 가계부에 넣고 싶은 우선순위가 많을수록 나중에 원칙을 적용할 때 얻는 교훈도 커진다. 하고 싶은 걸 두세 가지만 얘기하면 나는 좀 더 얘기하라고 부추기기도 한다.

"원하는 게 '정말' 그게 다야? 저번에 갖고 싶다고 한 인형은? 네가 봤다는 멋진 시계는?"

그러면 호버보드hoverboard, 컴퓨터, 시계, 아이폰(해리슨은 서비스 이용료를 계속 내야 한다는 사실을 깨닫고 아이폰은 포기했다) 등등 아이들의 가계부는 금세 산타 할아버지에게 보내는 편지처럼 바뀐다. '지금' 단계에서는 괜찮다. 앞에서 나는 가계부가 받고 싶은 선물 목록 같아선 안 된다고 했지만, 처음에는 이런 식으로 자유롭게 아이디어를 던져 보게 해야 아이들이 가계부를 편하게 느낀다. 아이들에게는 천천히 가르쳐도 된다. 나올 수 있는 비용을 부모가 죄다 나열해 버리면 아이들은 넋이 나갈 테니까.

우선순위 목록이 충분히 채워졌다면, 이제 돈 그리고 네 가지 원칙으로 주의를 돌려라. 아이들이라고 해서 원칙을 크게 바꿔 설명해 줄 필요는 없다. 하지만 각각의 원칙이 실생활에 어떻게 적용되는지 쉽게 알려 줄 수는 있다. 다음의 내용을 살펴보자.

첫 번째 원칙, 돈마다 역할 맡기기

우선순위 목록을 길게 뽑아야 하는 이유가 여기 있다. 한정된 용돈에 비해 선택지가 아주 많아지므로, 아이들은 상충되는 욕구들을 즉시 저울질할 필요를 느낀다. 당신에게도 익숙한 사실일 것이다. 물론 아이들이 집세와 학자금 대출, 여행 자금을 두고 저울질하지는 않겠지만, 돈에 한계가 있다는 사실은 명확히 이해할 수 있다.

돈이 한정되어 있음을 깨달으면 아이들도 최우선순위에 집중하게 된다. '하고 싶은 게 열 개나 있네. 하지만 꼭 하고 싶은 건 세 개야.' 이런 과정을 거치며 우선순위 목록은 꽤 빠르게 정리된다. 사실 이 면에서는 어른보다 아이들이 더 낫다.

결국 첫 번째 원칙을 아이들 버전으로 바꿔 말하자면 '뭐부터 갖고 싶지?'라 할 수 있다. 자녀가 자신에게 무엇이 중요한지 골똘히 생각하는 모습은 보기만 해도 좋다. 우리 집 아이들은 하나같이 돈을 한 가지 항목에만 몽땅 집어넣었다. 모든 항목에 조금씩 나누는 경우는 보지 못했다. 그래도 괜찮다. 눈앞에 있는 선택지를 전부 고려한 후에 최우선순위를 골라냈다는 사실이 중요하다. 내가 알고 있는 수많은 어른들보다 훨씬 낫다.

실질 비용을 고려하지 않고는 첫 번째 원칙을 더 밀고 나갈 수 없다는 사실을 당신은 잘 알 것이다. 이는 아이들도 마찬가지다. 하지만 염려하지 말자. 두 번째 원칙도 곧잘 해낼 테니까.

두 번째 원칙, 실질적인 비용 받아들이기

대개 아이들 입장에서는 갖고 싶은 게 있어도 바로 살 수 없기 때문에 첫 번째 원칙과 두 번째 원칙이 금방 충돌하게 된다. 아이들 수준에 맞는 용돈으로 가계부를 관리하고 있다면 아주 사소한 물건이 아니고서야 돈을 저축해야만 한다. 요즘 수많은 아이들은 물론 어른들도 부족한 '인내심'이 바로 이때 길러진다. 이 기회를 놓치지 말아야 한다.

또한 두 번째 원칙은 자녀들이 단순한 위시리스트 이상을 생각하도록 돕는다. 실질 비용의 정의가 기억나는가? '일상생활을 유지하기 위해 필요한 모든 비용'이다. 아이들에게도 이런 비용이 존재한다. 아쉽게도 자동차 보험료나 의료보험 본인 부담금이 청구되지는 않겠지만, 미리 예측하지 않으면 가끔씩 갑작스레 찾아와서 깜짝 놀라게 만드는 비용이 존재한다. 이때 크리스마스나 여름휴가 시즌은 아이들에게 실질 비용을 이해시킬 수 있는 가장 좋은 사례다.

우리 아이들은 크리스마스가 오면 서로에게 몇 달러 짜리 선물을 주고받는다. 나는 아이들이 가계부를 쓸 때 12월 용돈 전부를 선물 사는 데 쏟아붓고 싶진 않을 거라고 상기시킨다. 그리고 나서 크리스마스까지 매달 얼마씩 저축해야 하는지 계산하도록 도와준다. 여름쯤 되면 아이들은 선물 자금이 쌓인 걸 보고 신이 난다. 그리고 1년 내내 여윳돈을 갖고 있다는 사실에 기뻐한다.

특히 여름에는 이런저런 비용이 많이 발생하므로 두 번째 원칙을 가르치기에 훌륭한 시기다. 당연히 부모가 비용의 대부분을 내겠지만(아이들 용돈으로 캠핑이나 여행 자금을 댈 수는 없을 테니까) 자기 선에서 충분히 해결할 수 있는 비용은 스스로 내고 싶어 할 것이다.

아이들이 지난여름을 되돌아보면서 '돈이 좀 더 있었으면' 했던 경우는 없었는지 떠올리게 도와라. '다음 여름은 어떻게 다르면 좋을까' 하는 생각을 통해 포터는 자신의 위시리스트에 있던 장난감보다 더 중요한 우선순위가 있다는 사실을 깨우쳤다.

포터는 매년 사촌과 함께 캘리포니아로 스카우트 캠프를 다녀온다. 지난여름 집에 돌아온 포터는 어떤 친구가 20달러를 가져와 캠프장 편의점에서 썼는데, 그게 너무 부러웠다고 말했다. 그렇게 가을이 되었고, 포터는 자기 용돈을 몽땅 호버보드에 쏟아부을 기세였다. 나는 다음 여름 캠프까지 10개월이 남았으니 편의점에서 쓸 돈을 모을 생각은 없는지 물었다. 포터는 다음 캠프에 20달러를 가져가려면 매달 2달러씩 모아야 한다는 사실을 금방 계산해 냈고,

호버보드는 기꺼이 더 기다리기로 했다. 캠프장 편의점에 가 보지는 못했지만 틀림없이 아이들 천국인 듯했다.

나중에 포터는 호버보드를 다시 리스트에 올렸고, 일을 해서(잠시 후에 설명하겠다) 모은 돈으로 최근 드디어 구입했다. 가계부와 인내심 덕분에 캠프에서 쓸 돈과 호버보드를 모두 얻은 셈이다.

자녀들이 멀리 내다볼 수 있도록 격려해 주어라. 당신이 가계부를 쓰기 시작했을 때 스스로에게 던진 질문을 아이도 고민하게끔 이끌어 주어야 한다.

'내 돈으로 날 위해서 무엇을 하고 싶지? 내 삶이 어떤 모습이면 좋을까?'

당신의 아이가 원하는 것은 무엇인가? 혹시 크리스마스 선물을 사려고 허겁지겁 돈을 긁어모으려 하는가? 아니면 가계부에 당신이 깜짝 놀랄 만한 온갖 선택지를 적고는 설레는 기분을 느끼고 싶어 하는가? 혹은 올여름에 오락실에서 돈을 흥청망청 써 버리고 싶어 하는가, 아니면 게임을 하다가 당신이 준 게임비를 다 날려도 어느 정도는 안심할 수 있기를 바라는가? 당신의 자녀가 어디에 돈을 쓰는지는 중요하지 않다. 멀리 내다보고 행동하는 습관을 기르는 것이 핵심이다. 언제나 만족스러운 결과를 얻을 것이다.

두 번째 원칙은 아이들이 받는 돈이 일정하지 않을 때에도 장기적인 비용에 대처할 수 있도록 도와주기도 한다. 토드와 제시카 부부는 자녀인 세이디(열네 살), 와이어스(열한 살), 올리버(아홉 살)와 함께 가계부를 쓰고 있다. 세이디는 특히 수입이 들쭉날쭉하다. 어떤 달은 용돈만 받지만 어떤 달은 이웃집 오리와 화초를 대신 돌봐 주고 크게 한몫 챙긴다.

부모님이 첫 휴대전화를 사 줬을 때 세이디는 수입을 관리해야 할 필요성을 크게 배웠다. 기기 자체는 선물로 받았고, 처음 몇 달 치 요금도 부모님이 100퍼센트 내 줬다. 하지만 어느 순간부터는 세이디가 25퍼센트를 부담해야 했고 더 지나서는 50퍼센트를 내야 했다. 그러자 세이디는 그 비용이 자신이 매달 '버는' 돈에 비해 너무 많다고 토로했다. 하지만 '이웃집 오리를 돌보는 일'이 있지 않던가. 그때 버는 돈을 여러 달로 쪼개면 된다고 토드가 알려 주자 세이디의 생각이 번쩍 트였다. 곧 세이디의 가계부에서 두 번째 원칙이 제대로 작동하기 시작했다.

세 번째 원칙, 유연하게 대처하기

앞에서 아이들은 어른들과 달리 빈 도화지 상태로 가계부를 접한다고 말했는데, 특히 세 번째 원칙에서 그렇다. 어른들은 가계부를 고치는 게 잘못이 아니라는 사실을 자주 잊는다. 오히려 죄책감을 느낀다. 아이들은 훨씬 유연하다. 돈이 한정되어 있다는 사실만 이해하고 나면, 그 한계 내에서는 어떤 식으로든 변화할 줄 안다.

나는 아이들이 예산 범위를 넘어서는 물건을 사고 싶어 하면 가격에 맞춰 가계부를 고쳐야 한다고 알려 준다. 물건을 포기하든 우선순위를 바꾸든 아이들은 결정을 망설이지 않는다. 그걸 실패로 생각하지도 않는다. 단지 무엇을 먼저 갖고 싶은지 마음을 바꿀 뿐이다.

토드의 아들 올리버는 장난감을 이것저것 사려고 돈을 모으고 있었다(레고, 미니언즈 피규어, 포켓몬 카드 등등. 뭐 어떤가, 겨우 아홉 살인데). 그러다 어느 날 수족관에 가서는 기념품점에서 11달러짜리 펭귄 인형에 관심이 꽂혔다. 펭귄 인형을 위한 예산은 없었기 때문에 아빠에게 대신 사 달라고 졸랐다. 토드는 안 된다고 말한 뒤 휴대전화에서 올리버의 가계부앱을 켜서 보여 주면서 '펭귄 인형' 항목으로 옮기고 싶은 예산이 있는지 물었다. 훌륭하게도, 지출하기 전에 세 번째 원칙을 적용한 것이다. 우선순위가 바뀌었으므로 올리버는 가계부를 조정했고 기꺼이 과소비를 감행했다. 펭귄 인형을 손에 넣었고 지금도 매일 껴안고 잔다.

물론 아이들의 나이대에는 별다른 리스크랄 게 없다. 펭귄 인형과 포켓몬 카드를 두고 고민해야 하는 상황을 식비가 떨어져서 예산을 조정해야 하는 상황에 비할 수는 없다. 하지만 두 경우 모두 원리는 똑같다. 그러므로 이런 연습이 쌓이면, 단지 용돈을 가지고 노는 것 이상일 때에도 아이들은 유연하게 대처할 준비가 되어 있을 것이다.

4장에서 나는 이러한 세 번째 원칙을 복싱 경기에서 유추했다고 언급한 바 있다. 상대가 펀치를 날릴 때 그에 맞춰 몸을 움직이면 훨씬 덜 아프다. 정통으로 맞을 확률도 줄어든다. 자, 그럼 어른이 되어 난생처음 링 안에 들어간다고 해 보자. 머리로는 원칙을 알지만 상대가 만만치 않게 느껴져 고전한다. 이번에는 어릴 때부터 몸을 이리저리 피하는 연습을 한 뒤에 링에 들어간다고 해 보자. 상대는 마찬가지로 강하지만 재빠르게 대응할 수 있으니 거의 땀 한 방울 흘리지 않고도 피하는 것이 가능하다. 여러 해 동안 연습한다면 당신의 자녀는 '가계부계의 신동'이 될 수 있다.

지금 단계에서는 가계부를 고쳐도 괜찮다는 점만 알려 주면 된다. 물론 아이들은 이미 알고 있을 것이다. 계속 떠올려야 하는 쪽은 어른들이다.

네 번째 원칙, 돈 묵히기

물론 아이들이 그달 그달 먹고사는 인생을 걱정하지는 않을 것이다.(혹시 걱정한다면 나이에 비해 과하게 현명한 것이니 밖에 나가서 좀 뛰어놀라고 하자.) 그럼에도 아이들에게 네 번째 원칙은 충분한 가치가 있으며, 다른 원칙과 마찬가지로 나중을 대비해 좋은 연습이 된다. 게다가 당장 부모 입장에서는 아이들이 돈 관리를 얼마나 잘하고 있는지 확인하는 재미가 쏠쏠하다.

둘째인 해리슨은 얼마 전 와이냅 소프트웨어를 보던 중 위쪽 모퉁이에 있는 '돈의 나이'가 무슨 뜻이냐고 내게 물었다. 저축에 일가견에 있는 녀석이라 해리슨의 가계부에는 돈의 나이가 250일로 나와 있었다(기본적으로 용돈을 거의 안 쓴다고 보면 된다). 나는 "오늘 네가 돈을 쓴다면 250일 전에 들어온 돈을 쓰는 셈이라는 뜻"이라고 간략하게 설명해 줬다.

그러자 해리슨은 리디아와 포터에게 가서 그 아이들이 가진 돈의 나이가 얼마나 되는지 묻고는 흡족해했다(해리슨이 가진 돈의 나이가 훨씬 많았다). 일종의 자랑거리가 된 셈이다. 이를 자랑거리로 느끼는 게 좋은 행동은 아니지만 해리슨이 자신의 성장을 얼마나 뿌듯해하는지를 보니 다른 아이들에게는 비밀이지만 나도 내심 즐거웠다.

오프라인으로 가계부를 쓰고 있다면 자녀가 가지고 있는 돈 전부를 월평균 지출액으로 나눠서 돈의 나이를 계산해 줄 수 있다. 지출이 들쑥날쑥하면 까다로울 수 있지만 그래도 대략적인 계산은 가능하다. 예를 들어 자녀가 한 달에 20달러를 쓰는데 지금 100달러를 가지고 있다면, 돈의 나이는 약 5개월이라고 할 수 있다.

지금 시점에서 네 번째 원칙은 그냥 재미있는 연습 과정에 가깝다. 하지만 자녀들이 돈의 나이를 보면서 신나한다면 아쉬울 이유는 없지 않을까? 그런 태도를 갖추면 훗날 돈 문제가 현실이 될 때도 그달 벌어 그달 먹고사는 습관에 빠지지 않을 것이다. 설령 지출 비용이 도무지 감당이 안 되는 최악의 상황이 벌어져도 스트레스를 줄일 도구는 갖고 있는 셈이다. 얼마나 큰 선물인가!

강아지 데려오기 작전

최근에 나의 친구 마리아와 남편 조는 개를 한 마리 기르기 위해 돈을 모으기로 결정했다. 다섯 살 아들 루카와 함께 가계부를 쓰지는 않았지만 계획에 대해서는 미리 알려 줬다. 루카는 신이 나서 어쩔 줄 몰랐다.

"우리 식구 셋 다 강아지랑 살고 싶어 하는데, 왜 오늘 바로 못 데려오는 거예요?"

마리아와 조는 개를 키우려면 사료를 먹여야 하고 동물병원도 데리고 가야 하며 어딜 가려면 애견 호텔에도 맡겨야 하니 비용이 적지 않게 든다고 설명했다. 그래서 개를 데려오기 전에 적어도 1,000달러는 모아 두고 싶었다. 조는 아들에게 말했다.

"다행히 쓸데없는 자잘한 물건들 사지 않으면 그 정도 돈은 빨리 모을 수 있단다."

루카는 아빠의 말을 제대로 이해했다. 너무 잘 이해한 탓에 부모님이 돈을 어떻게 쓰나 감시하기 시작했다. 그 말 이후 처음으로 마트에 갔을 때부터 취조가 시작됐다.

"엄마, 그 소스 꼭 사야 돼요? 집에 땅콩버터 있잖아요. 아보카도도 너무 비싸! 우리 강아지 데려올 돈 모아야죠!"

공평하게도 루카 자신 역시 기꺼이 희생을 했다. 마트에서 얌전히 있으면 상으로 받곤 했던 88센트짜리 장난감 자동차를 포기했다. 게다가 유일하게 점심을 학교에서 먹는 날인 '피자 먹는 금요일'도

자진해서 건너뛰기로 했다. 가계부를 갖고 있진 않았지만 자신의 우선순위를 얼마든지 조정했다.

마리아네 가족의 브루투스(루카가 이미 지어 둔 개 이름)를 위한 예산은 루카가 잔디밭에 있는 강아지 응가 치우는 법을 배우기 딱 좋은 때인 여름쯤 다 채워질 예정이다. 그동안 루카는 엄마가 아보카도를 가끔 맛볼 수 있게 하는 식으로 부모님의 마음을 조금 풀어 주기도 했다.

루카가 보인 의욕 덕분에 마리아와 조는 소비를 계획보다도 많이 줄일 수 있었다. 야간 데이트를 세 번 건너뛰어서 몇백 달러를 모았고 포장 음식도 브루투스가 조금 떼서 달라고 낑낑대는 걸 볼 때까지는 참기로 했다. 루카의 감시 덕분에 어쩌면 올봄에 목표를 달성할지도 모르겠다.

누가, 무엇을, 얼마나 낼 것인가

어느 정도 성장한 자녀와 가계부를 쓸 경우에는 아이가 어떤 비용을 내야 하는지 명확히 밝혀 주어야 한다. 부모가 대신 돈을 내주는 데 익숙해진 아이라면 이는 어렵게 느껴질 수 있다.

하지만 이 과정은 오히려 즐거워야 한다. 어쨌든 부모는 용돈을 계속 줄 것이고, 이제부터는 아이 자신이 그 돈으로 하고 싶은 건 무엇이든 할 수 있으니 말이다.

부부끼리 가계부 데이트를 하듯 아이와도 가계부 모임을 마련하라. 아이가 스스로 책임져야 할 일이 무엇이고, 또 부모가 계속 지원해 줄 일은 무엇인지 결정해야 한다. 아니면 비용을 분담하기로 결정할 수도 있다. 어떤 방식을 택할지는 순전히 당신에게 달려 있으며 이는 아이들이 자랄수록 계속 다듬어 나갈 수 있다.

토드와 제시카는 자녀들에게 저축, 선물, 기부 항목에 예산을 얼마씩 배정해야 하는지 말해 준다. 그 외에는 우리 집과 마찬가지로 아이들이 직접 우선순위를 선택하게 한다.

토드와 제시카는 자녀들이 어떤 '물건'이 아니라 친구와 암벽 등반하기 같은 '경험'에 돈을 쓰도록 돕고 싶어 한다. 하지만 아이들은 가계부에 계획만 세운다면 자기 돈을 원하는 대로 쓸 수 있으므로, 부모님의 허락을 받아야 했다면 사지 못했을 물건(포켓몬 카드나 펭귄 인형 등)을 사곤 한다.

토드의 집에서는 어떤 비용을 나눠서 낼지도 함께 결정한다. 토드와 제시카는 장녀 세이디의 전화 요금이 실제로 공동 비용이라고 느껴 50퍼센트는 같이 내주기로 합의했다. 세이디가 휴대전화를 갖고 싶어 한 만큼 본인들도 밖에 나간 딸과 연락이 닿기를 바라기 때문이다. 한편, 둘째 와이어스는 사이클 장비를 사려고 돈을 모으는데 사이클 용품 가격이 높아 토드와 제시카가 비용을 어느 정도 도와주기로 했다.

어떤 비용을 부모가 낼지, 아니면 자녀가 낼지, 또는 함께 얼마씩 낼지 결정하는 건 집집마다 다를 수 있다. 하지만 어떤 선택을 하든 아이들은 가계부를 쓰는 습관을 발전시키고 우선순위를 세우는 법을 익힐 것이다.

향후 아이들이 아르바이트를 시작하면 직접 감당할 수 있는 비용들이 점차 늘어날 것이다. 우리 가족의 경우에도 포터와 해리슨, 리디아는 와이냅에서 일하기 시작하면서 이 과정을 거쳤다. 그렇다. 열세 살, 열한 살, 아홉 살 아이들이 와이냅에서 일하고 있다. 사무실 청소라는 아주 멋진 일을. 세 녀석이 꽤 많은 돈을 가지고 가계부를 쓰기 시작하면서, 우리 부부는 아이들에게 '선물' 항목에서 더 큰 지분을 맡기기로 판단했다. 아이 셋이서 친구들의 생일 파티를 한 달에 무려 여섯 번 가는 걸 보면서 그래야겠다고 느꼈다. 일종의 '선물 피로도'가 쌓이다 보니 아이들이 친구의 선물을 직접 사게 하면 어떨까 생각한 것이다. 아이들은 기꺼이 응했다.

이제 우리 아이들은 서로의 생일이나 친구 생일에 온전히 스스로 선물을 준비한다. 무엇을 사 줄지 고민하면서 즐거워하고 심지어는 친구와 같이 놀러 다니면서 그 아이가 뭘 좋아할지 염탐하기도 한다. 전에는 그런 모습을 보인 적이 거의 없었다. 줄리와 내가 볼일을 보는 김에 선물도 사다 주곤 했기 때문이다. 선물비를 직접 내도록 하자 아이들은 더욱 사려 깊은 선물꾼이 되었다. 부모로서 참 흐뭇한 일이다.

가장 중요한 목표는 아이에게 돈을 잘 관리하는 법을 가르치는 것임을 기억하라. 누가 뭘 내야 하는지 선을 긋느라 너무 딱딱해져선 안 된다. 명확한 시스템을 갖추는 것도 좋지만 더 큰 그림을 결코 놓치지 말자.

우선순위가 아이를 바로 세운다

●

우리 집 아이들 중 가장 나이가 많은 아이는 지금 책을 쓰는 시점 기준으로 열세 살이다. 따라서 경제적으로 책임감 있는 어른을 길러 내기 위한 장대한 실험은 말하자면 아직 '베타 버전'인 셈이다. 하지만 존 데일의 가족에게 나타나는 징후를 볼 때 우리 아이들도 잘 자랄 것이라는 생각이 든다.

존의 딸 애나는 열일곱 살이다. 케이팝K-pop을 좋아하고 머리를 분홍색으로 물들였다. 시각예술에 재능을 보이는 아이다. 지금은 영화관에서 일하고 있는데 열다섯 살에 일을 시작한 후로 와이냅을 사용해 왔다. 일을 하기 전에는 부모님이 모든 비용을 대신 내줬는데도 기꺼이 가계부를 쓰기로 했다. 그에 대해 애나는 이렇게 설명한다.

"부모님이 쓰시니까 저도 와이냅을 쓰기 시작했어요. 제 돈을 관리할 수단이 없는 채로 사회생활을 시작하는 게 걱정되기도 했죠.

일을 시작했을 때, 제가 내야 할 비용은 직접 내고 싶었어요. 요새 제가 옷을 엄청 사는데, 좀 과하게 산다 싶을 때는 제 돈을 쓰는 게 편하더라고요."

존은 애나가 첫 월급을 받을 때 가계부 프로그램을 설치하도록 도와줬다. 그 후로 애나는 도움이 필요한 경우에만 아빠를 찾는다. 최근에는 프로그램 속 계좌 잔고가 100달러 정도 틀리게 나와서 (실제 은행 잔고는 더 많았다) 존이 문제를 해결하도록 도와줬다. 베푸는 일에도 돈을 좀 쓰라고 독려하는 걸 제외하면, 존과 아내 에이미는 딸에게 가계부 관리 전권을 맡겼다.

몇 달 전 애나는 친구와 쇼핑을 나갔다가 집에 돌아왔다. 존이 아이에게 뭘 샀는지 물어보자 애나는 아무것도 사지 않았다면서 이렇게 말했다고 한다.

"지금 당장은 쓸 수 있는 돈이 없더라고요."

'오호, 흥미로운 말인데?'

애나의 계좌는 존의 계좌와 연동되어 있어서 존은 당시 애나의 계좌에 수천 달러가 들어 있는 걸 이미 알고 있었다. 그런데 어떻게 10대 청소년이 수천 달러를 갖고 쇼핑몰을 돌아다니면서 아무것도 사지 않았단 걸까?

바로 우선순위 때문이었다. 애나에게는 우선순위가 여럿 있었고, 쇼핑몰에서 무언가를 샀다가는 그 우선순위를 지키지 못할 수도 있었다. 현재 애나의 가계부에 적힌 우선순위는 다음과 같다.

애나의 가계부

베푸는 비용

- 기부

일상 비용

- 용돈

- 외식

- 옷

- 메이크업

만약을 대비한 비용

- 비상금

- 생일

- 크리스마스

- 코스프레

- 간혹 찾아오는 경조사

장기적인 비용

- 한국어 수업

- 저축

- 자동차

- 콘서트

- 끝내주는 헤어스타일

- 여행

가장 중요한(그리고 가장 비싼) 우선순위 중 하나는 애나의 케이팝 사랑이다. 단지 유튜브에서 케이팝 동영상을 즐겨 본다는 말이 아니다. 애나는 콘서트 티켓 비용이나 쇼 프로그램을 보러 여행 가는 비용을 직접 모으고 있다. 최근에는 콘서트를 보러 댈러스에 다녀왔다. 한국에 있는 미대를 진학하고 싶어 해서 한국어 수업 자금 역시 1년 내내 저축하고 있다.

애나의 가계부를 보고 나면 왜 쇼핑몰을 가서도 정신없이 돈을 쓰지 않는지 분명히 드러난다. 거기 진열되어 있던 어떤 상품도 돈이 들어오기만 기다리고 있는 흥미진진한 우선순위들에 비할 수 없었기 때문이다. 애나는 "쓰레기를 한가득 사느니 인생에 남을 만한 경험을 하는 게 낫죠"라고 말한다. 반박의 여지가 없다.

가계부 쓰기, 어떻게 가르칠까

마냥 "안 된다"라는 사람들의 말은 듣지 말라. 아이들도 가계부를 쓸수 있다. 자녀에게 돈을 잘 다루는 법을 가르쳐 준다면 이는 부모가전할 수 있는 가장 큰 선물 중 하나를 주는 것이다. 처음 가계부를 쓰도록 도울 때 다음을 기억하라.

- **용돈을 학습 도구로 활용하라**

  : 부모라면 자녀가 다른 인생 기술을 배울 때 노력하기를 바라는 것처럼, 돈을 잘 다루는 법을 배울 때도 연습하기를 바라자. 어떤 이유로든 용돈을 빼앗는 것은 책이나 악기를 빼앗는 것만큼이나 나쁜판단이다. 무슨 일이 생기든 계속 배워 나갈 기회를 줘야 한다.

- **아이들의 이해력을 과소평가하지 말라**

  : **일찍 시작하고, 천천히 가르치며, 현실에 맞추는 한** 아이들도 가계부에 점점 익숙해진다.

- **네 가지 원칙은 어른들은 물론 아이들에게도 의미가 있다**

  : 자녀의 수준에 맞춰 계속 원칙에 관해 이야기해 주고 자녀에게 **직접 부딪치면서 배울 자유를 허락해 주자.**

- **체계를 세워라**

  : 자녀들과 한자리에 앉아서 **누가 어떤 비용을 낼지 명확한 체계를세우자.** 정해진 규칙은 없다. 자기 가정에 어울리는 방식이면 된다.

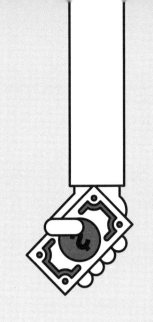

9장

모든 걸
포기하고
싶을 때

돈을 모으려면 반드시 지켜야 할 원칙이 있고
올바른 길이 있다.

대학

사실 난 도넛을 정말로 좋아한다. 너무 좋아해서 도넛에 대해서만큼은 가계부로 관리하는 걸 거의 포기했다. 뭐, 어떤가. 누구나 마음이 약해지는 무언가가 있지 않나.

당신도 알다시피, 줄리와 내가 가계부를 쓰기 시작했을 때 우리는 돈에 쪼들리는 상황이었다. 대학원생 남편, 시간제 사회복지사 아내, 버스 승차권, 연립주택 지하층, 사용법에 통달한 쿠폰……. 진땀 나는 생활이었지만 빚을 없애고 앞으로 태어날 아이들을 위해 저축하겠다는 일념으로 똘똘 뭉쳐서 어떻게든 버틸 수밖에 없었다. 우리는 지출을 하나하나 강박적으로 계획했다. 기본 생필품과 반드시 내야 하는 고정 지출 외에는 어디에도 쓸 돈이 없었다.

몇 달 정도는 충분히 잘 버텼다. 그러던 어느 날 나는 강의실에 가던 길에 도넛을 끝내주게 잘 만드는 빵집을 지나가게 됐다. 난 고운 초콜릿 옷을 입은 아름다운 도넛 하나에 시선을 빼앗겼고 그걸 너무도 내 입에 집어넣고 싶었다. 하지만 그럴 수 없었다. 밖에서 뭔가를 사 먹을 예산은 하나도 계획하지 않았으니까. 50센트짜리 도넛, 그걸 살 돈이 없었다. 너무 우울했다.

바로 그 몇 주 전에도 비슷한 감정을 느꼈다. 밤늦게 도서관에서 공부를 하는데, 1달러짜리 쿠키를 파는 자판기가 있었다. 하지만 쿠키를 살 돈은 없었고 '에이, 그냥 오늘 저녁은 굶자' 하고 생각했다. 물론 당시에도 이건 말도 안 되는 짓이라고 느꼈다. 식사마저 포기하게 만드는 가계부는 존재해선 안 된다. 어쨌든 나는 그때 버텨냈지만 얼마 후 그 도넛이 내 마음을 제대로 뒤흔들었다.

한동안 줄리에게는 이런 감정에 대해 아무 말도 하지 않으려고 노력했다. 가계부를 쓰자고 제안한 사람은 나였지만 정작 아내가 검소한 생활을 나보다 훨씬 잘 해내고 있어서였다. 하지만 도저히 그대로 계속 나아갈 수가 없었다. 숨을 쉴 틈이 없었다. 계획에 없는 소비를 하나라도 했다가는 가계부를 쓰며 노력했던 모든 것이 사라질 것만 같았다.

결국 나는 줄리에게 솔직하게 털어놓았다. 그런데 알고 보니 줄리도 바로 그 전 주에 크루아상을 맛보지 못한 탓에 거의 무너진 상태였다(빵이 우리의 연결 고리인가 보다). 앞서 얘기했던 '유흥비 5달러'를 예산에 포함시키기로 결정한 것이 이때였다. 아주 적은 돈이지만, 한 발짝이라도 잘못 디디면 가계부가 엉망이 될 거라는 압박감을 없애기에는 충분했다. 게다가 한 달에 5달러면 도넛이 열 개다. 그렇게까지 먹어 치운 적은 없지만, '그래도 된다'는 사실만으로도 느껴지는 해방감이란!

당신도 가계부를 쓰다 보면 그만두고 싶을 때가 있을 것이다. 도넛처럼 사소한 문제 때문이든 예상치 못한 거대한 비용 때문이든, 언젠가는 무너지는 때가 온다. 이보다 최악일 수 있을까 싶을 정도로 돈에 쪼들리고, 지출 비용은 감당할 수 있는 범위를 넘어서는 것 같다. 계좌 내역을 아무리 추적하고 관리해도 다 쓸데없는 짓처럼 느껴진다.

하지만 이는 가계부를 쓰면서 당연히 겪는 과정이다. 그래서 이 책의 마무리는 그만두고 싶은 그 감정에 대해 다루고자 한다. 분명 누구나 그런 유혹을 느끼겠지만, 책을 여기까지 읽고 있는 사람이라면 가계부를 진심으로 포기하고 싶지는 않을 것이다. 그저 너무 힘들다는 마음의 표현일 것이다. 마치 초콜릿 도넛 하나를 몹시도 사 먹고 싶은 심정 말이다.

그만두고 싶은 마음이 드는 주된 이유는, 더 나은 방법을 꽤 쉽게 찾을 수 있는데도 스스로를 옥죄는 행동에 사로잡혀 있기 때문이다. 자신의 가계부를 따라잡지 못하는 이유가 무엇인지 파악하기 위해 약간의 조사를 해 보자.

완벽한 가계부는 실패할 수밖에 없다

●

가계부 쓰기를 중단하고 싶게 만드는 주요 원인 한 가지는 바로 '완벽주의'다. 실패하고 있다는 느낌이 드는가? 대개 이는 완벽한 가계부를 만들려고 자신을 지나치게 몰아붙이고 있다는 의미다.

가계부가 위기에 빠졌다면 그곳에는 거의 매번 완벽주의가 다양한 모습으로 자리 잡고 있을 것이다. 납득하기 어렵겠지만 완벽주의는 당사자가 자초한 결과이기도 한데, 실망할 필요는 없다. 어떤 습관들이 성공을 막고 있는지만 인지하면 맞서 싸울 수 있기 때문이다.

무엇보다도 가계부를 이분법적으로 바라보는 통념에 유의하라. 사람들은 가계부를 '성공 아니면 실패'라는 흑백 논리로 잘못 생각하는 경향이 있다. 그러나 계속 가계부를 쓰는 한 실패한 것이 아니라, 성공한 것이다. 이 사실을 절대 잊지 말자('빚은 선택지가 아니다'라는 문장과 함께 모토로 삼아도 좋다).

그러고 나면 알아차리기 힘든 나쁜 습관들에 유의하라. 닿을 수 없는 완벽을 향해 자신도 모르게 스스로를 몰아붙이는 행동이나 방식도 모두 포함된다. 이런 습관에 빠져 있다는 생각이 든다면, 거기서 빠져나오는 것도 얼마든지 가능하다. 어떤 습관이든 해결책은 동일하다. 한발 물러나 압박감을 줄일 수 있는 방법을 찾아보면 된다. 정말이다.

숨 쉴 틈도 남겨 두지 않는 습관

나의 '도넛 사건'에서도 알 수 있듯 사람들이 가계부를 그만두게 만드는 가장 흔한 습관 중 하나는 여유 없는 지출이다. 돈이 부족하면 당연히 소비를 제한해야 하지만 거기에도 한계가 있다. 조금이라도 여지를 두지 않으면 결국 모든 것(정신 상태, 가계부 쓰는 행동, 결심 등)이 무너질 것이다.

최근 웨이트트레이닝에 빠져 있는 나로서는, 여지를 둔다는 개념이 마치 벤치프레스를 할 때 트레이너가 옆에서 도와주는 것과 비슷하다는 생각이 든다. 벤치프레스를 하다 보면 바벨에 깔려 가슴이 눌릴 지경인 때가 있는데, 바로 그 순간 트레이너는 검지 두 개로 봉을 받쳐 준 후 바벨을 들어 올리게 돕는다. 그 작은 도움이 성공과 실패를 가른다.

생활이 아무리 빠듯하더라도, 당신만의 '도넛'을 위해 여유를 남겨 두자. 사소한 도움이 필요할 때를 대비해 트레이너를 옆에 세워 두어라. 한 달에 단돈 몇 달러만으로도 모든 걸 망칠지 모른다는 두려움을 극복할 수 있다.

비현실적인 지출 목표를 세우는 습관

가계부를 처음 쓸 때 흔히 범하는 실수다. 현실적인 목표를 세우기 위한 자료가 부족하기 때문이다. 예를 들어 식비 지출 내역을 조사한 적이 없는데 300달러 목표를 세웠다면 이 목표가 현실에 근

접하기라도 하는지 무슨 수로 알겠는가? 300달러가 합리적인 목표처럼 느껴질지라도 이전까지 보통 한 달에 800달러는 쓰던 사람이라면 목표에 도달하기까지 많은 시간과 노력이 필요할 것이다. 300달러라는 목표 자체가 현실적이지 못해서 아무리 애를 써도 매달 좌절한다면 450달러 정도로 잡는 게 합리적일 수 있다.

서둘러 변화하려는 습관

어쩌면 당신은 한 달 식비로 800달러를 쓴다는 사실을 파악했을지 모른다. 좋다. 이제 실제 수치를 바탕으로 계획을 세우면 된다. 하지만 당장 이달엔 300달러만 쓰겠다고 다짐한다면 문제가 들끓기 시작한다. 습관을 하루아침에 바꿀 수는 없기 때문이다. 그렇게나 큰 폭의 변화라면 더더욱 불가능하다. 게다가 혼자서 가계부를 쓰는 상황이 아니라면 이는 파트너에게도 똑같이 적용되어야 한다. 우리는 종종 상대가 빠르게 변화하기를 기대하지만 그런 일은 거의 없다. 한두 번 성공할지는 몰라도 진정한 변화에는 시간이 걸린다. 자신에게, 그리고 상대에게 관대해져라. 현실적인 목표를 세우고 천천히 나아가자.

비용을 전부 충당할 돈이 없는 상황에서도 마찬가지다. 물론 합리적인 범위 내에서 최대한 지출을 줄여야겠지만, 소비 습관을 아무리 빨리 고친다고 한들 그것만으로는 문제를 해결할 수 없다. 즉 애초에 수입과 지출 사이에 간극이 존재한다면 돈을 더 벌어들일 방법을 찾아야만 한다.

이 책 곳곳에 소개한 다른 사람들의 경험담을 참고하라. 비현실적인 목표를 하루아침에 달성하겠다며 온 정신을 쏟다 보면 압박만 느낀다. 현명한 지출 계획뿐 아니라 수입을 늘릴 계획도 함께 세워야 최선의 해결책을 찾을 수 있다.

스스로에게 너무 많은 것을 요구하는 습관

앞에서 나는 가계부 관리를 식단 조절이나 운동과 비교한 바 있다. 그와 공통점이 하나 더 있다. 스스로에게 지나치게 많은 것을 요구하면 지쳐 버린다는 점이다. 가계부에 집착하거나, 하루에 몇 번이고 가계부를 꺼내 보거나, 눈만 마주쳐도 가계부 얘기를 한다면 도를 넘었다고 할 수 있다. 다이어트 중에도 일일이 섭취하는 음식 칼로리를 체크하고 매일같이 헬스클럽을 다니다 보면 금방 지치듯, 이런 방식으로는 금방 의욕이 식어 버린다. 가계부든 건강이든 잠깐 유행 타듯 관리하면 그야말로 유행처럼 사라지고 마는 것이다. 실생활에 녹아들도록 애써야 진정한 생활 습관으로 굳어진다.

가계부에 제대로 빠져 있다면 물론 잘된 일이다. 하지만 그렇다고 가계부에 잡아먹히지는 말자. 며칠 간격으로만 가계부를 체크하라. 계획을 벗어나지 않았는가만 확인하면 된다. 그러고 나서 삶을 계속 살아가자.

강박증으로 이어지는 습관

예산 강박증이 나타나면 한 푼도 그냥 지나치지 못한다. 하지만 언젠가는 그 한 푼조차 놓아줘야 할 때가 온다. 아무리 애를 써도 놓칠 수밖에 없는 사소한 거래 내역이 통장에 찍힐 것이다. 그러면 대체 어떻게 된 일인지 알아내려고 애를 쓸 수도 있고, 아니면 자금이 넉넉한 지출 항목에 집어넣은 후 그냥 갈 길을 갈 수도 있다.

예산 강박증에는 집요하게 지출 내역을 따지려는 태도도 포함된다. 평생 지출 내역을 추적해 본 적 없는 사람이 갑자기 치약 한 통까지 다 기록하려 들면 가계부를 계속 유지하기는 어렵다. 지출 내역을 식비, 공과금 등 큼지막한 카테고리로 나누는 건 당연하지만 항목 하나하나를 죄다 챙기다가는 그 속에서 길을 잃는다. 그러니 두 종류 이상의 비용을 포함하고 있는 경우(코스트코 영수증 하나에 음식, 스키용품, 파자마 비용이 다 들어 있는 경우)를 제외하고는, 지출 내역 하나당 카테고리 역시 하나만 지정한 뒤에 마음을 편히 가져라.

상황을 복잡하게 만드는 습관

신용카드나 통장을 하나만 갖고 있는 사람이 여러 개를 가지고 있는 사람보다 가계부를 관리하기가 분명 더 편하다. 잘 사용하지 않는 계좌를 해지하거나 자금 흐름을 한두 계좌로만 몰아라. 신용카드를 여러 개 사용하고 있다면, 수수료가 가장 낮거나 혜택이 가장 좋은 카드 하나만 고른다(물론 이미 현금을 가지고 있을 경우에만). 다른 신용카드에 대금이 남아 있다면 전액 지불한 후, 이렇게 골라 놓은 카드 하나만 사용하자.

가계부를 끈덕지게 붙잡는 과정은 도넛 살 돈 5달러를 마련하는 것처럼 간단하지는 않을 것이다. 어떤 경우에는 통제 범위를 벗어난 듯 어마어마한 차질이 생겨, 가계부 쓰기를 그만두는 것이 유일한 선택지처럼 보일지도 모른다. 하지만 극복할 수 없는 위기는 없다. 갑작스러운 비용이 발생하거나 수입이 줄어서 압박감이 느껴지더라도, 가계부를 상황에 맞게 고쳐 나간다면 결국 예산 관리 시스템은 제대로 작동할 것이다.

기대했던 대로 상황이 돌아가지 않아도 뭐 어떤가. 뚜렷한 계획을 갖고 돈을 다루려고 계속 노력하는 한, 당신은 앞으로 나아갈 수 있다. 바라던 만큼 나아가진 못할 수도 있지만, 아예 그만둔다면 목표는 여전히 저 멀리에 그대로 있을 것이다. 잊지 말아라. 상황이 너무 어렵게 느껴진다면, 좀 더 쉽게 만들기 위해 무엇을 할 수 있을지 생각해 보자. 그리고 거기에만 집중해야 한다.

당신은 지금 행복합니까?

●

앞서 설명했듯 가계부에 위기가 닥친다면 대부분 완벽주의에서 그 원인을 찾을 수 있다. 그런데 때로는 진짜 중요한 것이 무엇인지

잊은 탓에 그만두고 싶다는 생각이 들기도 한다. 각종 요금을 지불하고 지출 계획을 달성하는 데 몰두하다 보니, 왜 가계부를 쓰기 시작했는지를 잊어버리는 것이다.

가계부는 지금 그리고 앞으로 당신이 원하는 삶을 살 수 있도록 돕기 위해 존재한다. 행복을 미루는 용도가 아니다. 만약 그렇다면 가계부를 오래 붙들고 있을 사람은 아무도 없을 것이다. 행복을 느껴야만 동기부여가 될 수 있다. 목표를 향해 나아가고 있음을 느끼면 추진력을 얻어 더 열심히 노력할 마음이 든다. 마법이 펼쳐지는 순간이다. 실은 마법이라기보단 어디까지나 당신이 자신의 잠재력을 최대로 발휘했을 뿐이다.

가계부를 쓰는데 행복하지 않다면 앞에서 스스로에게 건넸던 이 질문을 다시 해 보라.

"내 돈으로 날 위해 뭘 하고 싶지?"

그러면 균형 잡힌 관점이 생긴다. 그리고 이 관점을 통해 바라보면, 가계부 덕분에 자신이 원하는 삶에 가까워지는 중이라는 사실을 알아차릴 수 있다. 기대했던 것보다 속도는 더딜지라도 제대로 된 방향으로 나아가고 있다는 사실 말이다. 이렇게 되새기는 것만으로도 사고방식을 바로잡기에 충분하다.

자신이 바라는 대로 돈을 쓰고 있지 않다는 생각이 든다면, 첫 번째 원칙으로 되돌아가라. 아예 가계부 자체를 깨끗이 정리한 후 처음부터 다시 시작하면 더 좋다. 의무나 목표는 다 잊고 자기 자신과 통장 잔고만 남기는 것이다. 백지 상태에서 다시 스스로에게 질문하자. "내 돈으로 날 위해 뭘 하고 싶지?"

돈 관리, 언제든 새로 출발할 수 있다

●

나는 '가계부를 처음부터 다시 쓰겠다'는 결정을 열렬히 지지하는 편이다. 돈이 내가 원하는 대로 사용되고 있는지 확인하기 위해 가끔은 한발 물러나서 바라볼 필요가 있다. 가계부를 그만 쓰기로 하는 것과는 전혀 다르다. 오히려 이 방법은 승리를 거두는 길, 제대로 성공하는 길이다.

이 사실을 확신하기에 나는 와이냅 소프트웨어에도 '새 출발Fresh Start' 기능을 만들었다. 가계부를 쓰면서 왠지 맥 빠지는 기분이 들거나 효율이 생기지 않는 것 같은가? 기존 가계부를 지워 버린 뒤 '새 출발' 버튼을 누르든 새 노트나 스프레드시트를 준비하든, 처음부터 다시 시작해 보자.

가계부를 다시 시작하는 건 새해 무렵에 자기 성찰을 하는 것과 크게 다르지 않다. 내 목표가 무엇인지 숙고하고 내 생활이 거기에 부합하는지 돌아보면서, 필요하다면 가계부를 조정하는 시간이기 때문이다. 가계부를 다시 시작하면 자신의 삶에 대해서도 깊이 생각해 보게 된다. 그리고 내가 바라는 삶을 향해 나아가는 데 나의 돈이 어떻게 도움이 될지 고민하게 된다.

1장에서 언급한 필과 알렉시스 부부의 사례를 다시 살펴보자. 당시 알렉시스는 막 회사에서 나와 프리랜서 웹 디자이너로 커리어를 시작하려 했다. 그로부터 1년 뒤에 나는 부부를 다시 만나 그들의 새로운 도전이 어떤 식으로 흘러갔는지 확인할 수 있었다. 계획대로 흘러갔다고도, 전혀 그렇지 않았다고도 할 수 있는데 정리하자면 다음과 같다.

좋았던 점

퇴사 6개월 후, 알렉시스에게는 더 이상 받지 못할 만큼 많은 일감이 쏟아졌다. 당연히 안도감이 컸다. 직장을 그만두기 전에는 일감이 끊기면 어떡하나 걱정했기 때문이다. 이전 직장 동료들과 고객들이 프로젝트를 그렇게나 많이 맡겨 줄 줄은 몰랐다. 전부터 사람들과 관계를 돈독히 하고 맡은 일을 훌륭히 해낸 덕분이었다.

어려웠던 점

들어오는 프로젝트를 전부 승낙하다 보니 이전 월급보다 두 배로 버는 게 그리 어렵지 않았다. 하지만 일감이 많다는 건 그만큼 끊임없이 일해야 한다는 뜻이었다. 하지만 애초에 알렉시스가 프리랜서로 생활하려 했던 이유는 아들 잭과 더 많은 시간을 보내기 위해서였다. 돈을 더 많이 벌 수 있다는 유혹이 있었지만, 결국 알렉시스는 가족이라는 최우선순위를 지켜 냈다. 벌이가 좋은 기회를 거절해야 한다니 기분이 묘했지만, 알렉시스와 필 모두 가정의 균형이 여분의 돈보다 중요하다는 점에 동의했다. 그런데……

힘들었던 점

두 사람은 '여분의 돈'을 정말 잘 쓸 수 있을 것 같았다. 심각한 곤경에 처한 건 아니었지만 수입이 지출에 영 미치지 못했기 때문이다. 특히 알렉시스의 수입이 들쑥날쑥하다 보니 어떤 달은 빈손이었다가 어떤 달은 1만 달러를 계좌에 넣기도 했다. 큰 비용을 여러 달로 쪼개어 보기도 했지만 매번 지출이 예산 계획을 넘어섰다. 4개월 동안 버티려 했던 돈으로 3개월밖에 못 버티는 식이었다.

이들에게 가계부는 도움이 되기도 했지만, 마음을 찝찝하게 만들기도 했다. 돈이 얼마나 빨리 증발하는지 보는 게 너무 싫었다. 압박감이 심해지다 보니 가계부 없이 사는 게 더 행복하겠다는 생각이 들기 시작했다.

첫 번째 해결책: 가계부 디톡스

●

필과 알렉시스는 가계부를 없애고 무지 속에서 살기를 바라는 한편, 그런 결정이 현명한 판단은 아니라는 사실도 알고 있었다. 지금의 가계부에 무언가 변화를 주긴 해야 한다는 확신도 들었다. 가계부를 그만 쓰는 것이 해답이 아니라면 정반대로 가 보기로 했다. 새 출발을 결심한 것이다.

가계부를 다시 쓴다는 건 대개 이전 가계부를 치우고 새 가계부를 만든다는 뜻이다. 백지 상태에서 아무 역할도 배정되어 있지 않은 돈을 바라보는 건 그 자체로 강렬한 경험이다. 필과 알렉시스도 최종적으로는 그러기로 결정했지만, 알렉시스는 우선 이전 가계부를 제대로 분석해 보고 싶었다. 과거 프리랜서 자금을 끌어모을 때에도 비슷한 과정을 거쳤는데, 다시 한 번 가계부를 점검할 때가 온 것이다. 기존의 가계부에서 약점들을 찾아 제거한다면 새 가계부는 더욱 잘 쓸 수 있을 것 같았다. 알렉시스는 이전 가계부에서 비용 하나하나를 전부 들여다봤다.

가스비

가스 요금이 최근 두 차례나 150달러 이상 나왔다. 작년 비슷한 시기에 가스비가 얼마였는지 확인하니 100달러 이하였다. 이게 무슨 일이지 싶었다. 얼마 전 보일러도 신형으로 달았는데 말이다. 물론 올해가 유난히 추웠거나 그저 보일러 연비를 과대평가했기 때문일지도 모른다. 이유가 무엇이든 간에 알렉시스는 작년보다 늘어난 50달러를 줄이고 싶었다. 따라서 앞으로는 밤에 설정 온도를 낮추고 이불 속에 꽁꽁 숨기로 했다. 혹시 온도 조절하는 걸 잊을까 봐

타이머 기능도 사용했다. 효과는 곧바로 나타났다. 그다음 달 가스비가 53달러 적게 나온 것이다.

휴대전화 요금

이 항목은 특히 해결하기 어려운 지출 항목이었다. 두 사람 휴대전화 요금으로 부부는 한 달에 총 145달러를 내고 있었다. 대책이 필요했지만 제일 저렴한 데이터 요금제를 써도 월 20달러밖에 줄일 수 없었다. 다른 휴대전화로 갈아타려면 수백 달러는 들었다. 셈이 맞아떨어지지 않았다.

좀 더 고민을 해 봤다. 그러다 알렉시스는 평소 자신이 가장 좋아하던 자산 관리 블로그인 '미스터 머니 머스태시Mr. Money Mustache'를 통해 훨씬 저렴한 휴대전화 판매처를 발견했다. 거기서도 새 휴대전화를 사려면 각자 250달러씩은 내야 했지만 그 대신 한 달 요금이 둘이 합쳐도 46달러만 나올 것이어서 바꿀 만한 가치가 있었다. 매달 99달러씩 절약이 되니 5개월이면 휴대전화 기기값을 메우는 셈이었다.

가라테 학원비

필과 알렉시스는 작년에 그루폰Groupon(SNS로 연결된 사람들과 공동으로 일정한 거래 조건을 만족하면 할인을 해 주는 소셜 커머스 사이트–옮긴이)을 이용해 잭을 가라테 수업에 등록해 주었다. 20달러면 수업 여덟 개를 들을 수 있는 데다 공짜 도복도 받을 수 있었다. 이득이었다! 잭은 '닌자'와 관련된 건 다 좋아했기 때문에 잔뜩 신이 났다.

그러나 그루폰 혜택이 만료되자 알렉시스는 정기 등록의 늪에 빠졌다. 그때 수업료를 보고 깜짝 놀라지 않은 게 아직도 이해가 되지 않는다. 한 달에 150달러라니, 겨우 네 살짜리 아이가 가라테를 하는데! 하지만 매트 위의 잭이 너무나 즐거워 보여 알렉시스는 그 비용을 빠르게 합리화하기 시작했다. '매달 외식을 두 번만 줄이면 될 거야. 다니지도 않는 헬스클럽 회원권을 해지하면 되지'라고.

그렇게 1년이 지났고, 잭은 어린이반 갈색 띠를 따는 과정에 있었지만 한 달 내내 수업을 빼먹을 구실만 찾고 있었다. 더 이상 가라테를 하고 싶어 하지 않았다. 도장에서는 자동이체를 요구했기 때문에 잭이 수업을 가든 안 가든 150달러는 이미 지불한 상태였다. 답은 쉽게 나왔다. 지금이라도 가라테를 관두기로 했다. 잭이 다시 하고 싶다고 하면 언제든 등록해 줄 생각이었다. 하지만 두 달이 지날 때까지 잭은 한 번도 가라테를 하겠다고 말한 적이 없다.

케이블방송 요금

필은 TV 금단 증상을 견뎌 낼 준비가 되어 있었다. 케이블방송을 해지하면 한 달에 80달러를 절약할 수 있어서였다. 또 넷플릭스와 훌루 채널은 지금까지 눈요기한 것만으로 충분했다. 해지 신청을 하기 위해 필은 케이블방송 업체에 전화를 걸었는데, 그쪽으로부터 30달러 할인과 함께 프리미엄 채널 몇 개를 무료로 제공해 주겠다는 제안을 받았다. 작년에 가격을 낮추려고 신청했던 패키지 상품에 비하면 훨씬 나은 조건이었다.

선택을 잠시 보류한 필은 알렉시스와 재빨리 논의했고, 그 제안을 받아들이기로 했다. 물론 80달러가 아닌 30달러만 절약하게 되었지만, 프리미엄 영화 채널이 두 사람의 야간 데이트를 즐기는 데 도움이 되리라 생각해서였다. 돈을 더 아끼고 싶으면 나중에 해지하면 그만이었다. 여기에 넷플릭스(10달러)와 훌루(12달러) 채널을 해지한 덕에 총 52달러를 줄일 수 있었다.

식품비

알렉시스는 식비 때문에 엄청난 스트레스를 받았다. 그냥 이해가 되지 않았다. '어떻게 세 사람(정확히는 2.5명)이서 매달 500달러치를 먹은 거지?' 가계부를 쓰기 이전에 식비가 얼마나 되는지 조사해 본 적은 없지만, 그래도 한 달에 300달러면 그야말로 차고 넘칠 줄 알았던 것이다. 그러다 보니 직접 장을 봐도 매달 목표 달성에 실패하는 느낌이었다.

문제는 식비를 이미 쥐어짤 만큼 짠 상태라는 사실이었다. 두 사람 모두 평소 건강하게 먹는 걸 아주 중요하게 여겼기에 싸구려 식품은 장바구니에 거의 담지 않았다. 대부분 신선한 재료와 고급 단백질 식품 위주였고, 거기에 잭이 먹을 우유, 파스타, 빵, 시리얼 등을 더하는 정도였다. 쿠폰은 주로 가공식품에만 적용되다 보니 부부에게는 큰 도움이 되지 않았다.

여기에 알렉시스가 내놓은 해결책은 줄리와 내가 비슷한 상황에서 내린 결정과 비슷했다. 새로 가계부를 쓸 때는 차라리 식품비에 더 많은 예산을 배정한 뒤 스트레스 받지 않기로 한 것이다. 과거 1년 치 데이터를 살펴봤더니 '잘 먹는' 데에 생각보다 큰돈이 들었기 때문이다. 앞으로도 할인 상품을 꼼꼼히 눈여겨보고 불필요한 지출을 줄일 계획이지만, 더 이상 식품비 때문에 부담을 느끼지 않기로 했다.

디즈니랜드 여행 자금

필과 알렉시스는 잭이 다섯 번째 생일을 맞이할 때 디즈니랜드로 깜짝 여행을 데려갈 생각으로 지난 10개월간 4,000달러 이상을 모았다. 하지만 이제 와서 쌓인 돈뭉치를 보니 의문이 들었다. '아니, 디즈니가 대체 뭐라고!'

잭도 분명 관심이 없었다. 미키마우스를 싫어하는 건 아니었지만 아직은 장난감 자동차를 갖고 해변으로 놀러 가기만 해도 충분히 신나는 나이였다. 아이가 호화로운 여행을 떠나자고 할 리 없었다. 생각하면 할수록 디즈니랜드 여행은 잭의 요구라기보단 부모의 바람에 가까웠다. 그리고 지금 당장은 그 돈을 현금 흐름을 터놓는 데 사용하는 쪽이 더 행복할 것 같았다. 게다가 잭이 플룸라이드를 탈 수 있을 만큼 크려면 어차피 몇 년 더 기다려야 했다. 답은 나왔다. 일단 디즈니는 포기.

정리하자면, 알렉시스는 이전 가계부를 꼼꼼히 점검하는 과정을 통해 한 달 평균 약 251달러를 아낄 수 있었고(원래는 351달러였지만 식비에 100달러를 더 쓰기로 결정했다), 디즈니랜드 여행 자금으로 묶여 있던 4,000달러를 추가로 얻었다. 삶을 뒤바꿀 만한 해결책은 아니었지만 현금을 어느 정도 확보했다는 사실만으로도 용기가 났다. 제대로 된 방향으로 가고 있으며, 계속 앞으로 나아가야겠다는 의지가 생겼다.

두 번째 해결책: 수입 늘리는 법

●

알렉시스는 주변으로부터 들어오는 프로젝트 요청을 거절할 때마다 어딘가 찝찝한 느낌이었다. 일을 더 받을 시간이 없긴 했지만, 한편으론 본인이 그 일을 꼭 직접 해야 할 필요는 없을 것 같아서였다. 평소 알렉시스는 자신의 1인 사업을 소규모 디자인 스튜디오로 확장하기를 꿈꿔 왔다. 유망한 디자이너들에게 프로젝트 하청을 주고 감독하는 식으로 협업하는 것 말이다. 알렉시스는 아트 디렉터로서 수입을 더 벌 수 있고, 후배 디자이너들은 포트폴리오를 쌓을 수 있으니 서로에게 좋을 듯했다.

원래 알렉시스는 이것이 수년 후에야 이룰 수 있는 꿈이라고 생각했다. 하지만 꼭 그래야 할 이유가 있던가? 당장만 해도 아직 회신하지 않은 작업 의뢰 메일이 세 통이나 와 있었다. 게다가 지난주에 만나 커피 한잔한 엘레나가 요즘 직장에서 행정 업무에만 치여 산다고 토로하던 게 생각났다. 과거에 알렉시스의 보조로 일했던 엘레나는 디자인 솜씨를 뽐낼 기회를 목말라했다. 알렉시스는 3년간 그녀의 상사로 지내면서 엘레나가 재능 있고 신뢰할 만한 디자이너임을 파악하고 있었다.

알렉시스는 즉각 문자메시지를 보냈고, 엘레나는 어떤 프로젝트든 참여하고 싶어 했기에 곧장 일이 진행되기 시작했다. 알렉시스는 수신함에 떠 있는 메일 세 통에 답장을 보냈다. 다음 프로젝트에 착수하면 이제 알렉시스는 아트 디렉터로서의 커리어를 시작하게 되는 동시에 새로운 수입처를 뚫게 될 것이다.

바라는 대로, 필요한 대로 돈을 움직이는 법

●

지출은 줄고 수입은 늘어날 것이라고 생각하니 필과 알렉시스는 다시 의욕이 생기는 기분이었다. 가계부대로 살려면 여전히 일상적인 노력이 필요하겠지만, 비용과 소득 면에서 최적의 균형점을 찾았다는 사실만으로도 동기부여가 됐다. 한 푼 한 푼이 그들이 바라는 대로, 혹은 필요로 하는 대로 정확히 움직이고 있었다. 새롭게 탈바꿈한 가계부는 다음과 같은 모습이었다.

디톡스를 거친 필과 알렉시스의 가계부

청구서(합계 3,936달러)

• 대출금	2,500달러
• **가스비**	**100달러**
• 전기 요금	70달러
• 자동차 할부금	275달러
• 유치원비	800달러
• 인터넷 요금	40달러
• **케이블방송 요금**	**50달러**
• ~~넷플릭스~~	~~0달러~~
• 생명보험료	55달러
• **휴대전화 요금**	**46달러**
• ~~커라테 학원비~~	~~0달러~~

일상 비용(합계 1,045달러)

• **식품비**	**600달러**
• 가재도구 비용	50달러
• 주유비	120달러
• 업무 관련 비용	100달러

• 외식 및 유흥비	75달러
• 베이비시터 비용	100달러

장기 목표

• ~~디즈니랜드 여행 자금~~	~~0달러~~

실질 비용(합계 470달러)

• 자동차 보험료	120달러
• 자동차 수리비	50달러
• 의료비	50달러
• 수도 요금	60달러
• 생일 및 기념일 비용	40달러
• 지하실 수리비	150달러

투자 자금 모으는 첫 단계

●

알렉시스는 자산 관리에 관심이 많다. 〈월스트리트저널〉을 읽는 게 그녀의 즐거움이고 워런 버핏이 그녀의 영웅이다. 남편과 함께 은퇴 자금을 모으고 있긴 하지만 늘 투자 계좌를 열어서 ETF(상장지수펀드)에 손대고 싶어 한다. 단지 그럴 만한 여윳돈이 없을 뿐이다.

이제 가계부도 전보다 잘 관리할 수 있겠다, 알렉시스는 자신의 소소한 투자 계획을 실현할 때가 됐다고 생각했다. 하지만 가계부 속 예산 계획은 건드릴 필요가 없었다. 그저 쓰지 않는 물건을 판매하기로 했고, 그렇게 벌어들인 돈은 전부 투자 계좌로 직행했다. 첫 시작은 갖고 있던 책《해밀턴Hamilton: The Revolution》을 동네 중고 서점에 넘기고 받은 15달러였다. 소박한 금액이긴 하지만 드디어 공식적으로 투자시장에 입문한 것이다! 짜릿한 기분이었다.

물건 판매에 많은 시간을 들일 수 없었으므로(일도 하고 가족도 챙겨야 하니) 알렉시스는 가장 편리한 방법 두 가지만 활용했다. 동네 서점에 책을 갖다 주는 것, 그리고 페이스북 온라인 벼룩시장에 판매 정보를 올리는 것. 지하실에는 이전 집주인이 두고 간 난로가 있었는데, 상태가 양호한 데다 사진에 짤막한 설명을 붙여서 페이스북에 올리니 350달러에 팔 수 있었다. 잭이 한 번도 타지 않은 어린이용 수레도 40달러에 팔렸다. 투자 자금 390달러가 더 모인 것이다!

그만두고 싶은 마음 이겨 내기

· ·

분명 언젠가는 가계부를 그만 쓰고 싶어질 것이다. 그럴 때는 답답한
마음을 풀어 줄 수 있는 방법을 찾아내자. 또한 가계부를 쓰면서 누구
나 걸려들 수 있는 다음의 함정들에 유의하라.

- 스스로에게 숨 쉴 틈조차 주지 않아선 안 된다. 때로는 도넛도 사
  먹어야 한다.
- 비현실적인 지출 목표를 세우지 말아야 한다. 노력 자체는 고상하지
  만 실생활에 맞지 않으면 아무런 소용이 없다.
- 변화를 성급하게 시도하지 않아야 한다. 속도를 줄이자.
- 스스로에게 너무 많은 것을 요구하지 말아야 한다. 관대해지자.
- 가계부에 너무 집착하지 않아야 한다. 별일 아니면 그냥 넘기자.
- 상황을 복잡하게 만들지 않아야 한다. 시스템을 단순화하자.

어떤 해결책도 통하지 않는가? 그렇다면 가계부를 처음부터 다시 시
작해야 할 수도 있다. 가계부를 전부 지워 버리고 새롭게 출발하라.
목표와 지출 계획을 새로 짠 뒤 예산을 다시 배정하자. 그리고 당신의
인생을 바꿀 질문을 또 한 번 되뇌어라.
"내 돈으로 날 위해 뭘 하고 싶지?"

잠재력을 키우는
가계부의 힘

이 책에서 당신이 딱 하나 얻어 갔으면 하는 건, 가계부가 족쇄가 아니라는 깨달음이다. 오히려 족쇄와는 정반대다. 와이냅의 네 가지 원칙을 토대로 가계부를 작성하다 보면 당신은 자신이 가진 돈의 흐름을 마음대로 움직일 수 있다. 또 우선순위에 따라 인생을 계획할 수 있다. 얼마가 걸리든 그 목표를 달성할 때 느껴지는 쾌감은 이루 말할 수 없을 것이다.

아직 가계부가 없다면 꼭 한번 만들어 보길 바란다. 단, 하루아침에 큰 목표를 달성할 수는 없다는 사실을 기억하라. 인내심을 갖자. 사소한 변화들이 모여서 큰 차이를 만들어 낸다.

지금으로부터 3개월, 6개월, 그리고 1년 뒤에 어떤 모습으로 거듭나고 싶은지 떠올려 보라. 비록 당신의 가계부가 완벽하지 않더라도(절대 완벽할 수 없다) 뒤도 돌아보지 말고 계속 써 나가자. 당신은 스스로의 잠재력을 확인하고 깜짝 놀랄 것이다.

오늘, 그러니까 바로 지금, 당신은 할 수 있다.

잃을 건 온갖 빚과 스트레스 정도다.

당신도 할 수 있다.

곳곳에서 와이냅
경험하기

가계부를 사랑하는 마음이 가득하고 앞으로도 그 사랑을 유지하고 싶다면, 우리의 친구 '인터넷'의 도움을 받자. 새로운 자료와 커뮤니티가 끊임없이 등장하므로 여기에 모아 둔 정보는 일종의 맛보기라고 생각하면 된다.

YNAB.COM 학습 자료

무료 강좌

홈페이지에는 새로운 무료 강좌들이 정기적으로 올라온다. 와이냅 사이트를 구독할 필요도 없다. 질문을 하면 그에 대한 답변을 받을 수 있으며, 강좌마다 와이냅 전문가가 한 명씩 배정되어 있다. 이 책을 쓰는 시점에는 다음의 강좌들이 제공되고 있다.

- 가계부로 신용카드 정복하는 법
- 전투적으로 빚 갚는 법
- 저축 목표 달성하는 법
- 그달 벌어 그달 쓰는 패턴 깨부수는 법
- 대출 없이 큰 비용 지불하는 법
- 빈털터리가 가계부 쓰는 법
- 식비 예산 통제하는 법
- ※ 최신 강좌 스케줄

  https://www.youneedabudget.com/classes/

주간 영상

https://www.youtube.com/YouNeedABudget

(매주 수요일에 화이트보드 영상으로 가계부와 관련된 주제를 다룬다.)

와이냅 팟캐스트

https://soundcloud.com/iynab

(얼굴은 보기 싫고 목소리만 듣고 싶다면 팟캐스트를 추천한다. 아이튠즈에서 ynab를 검색
해도 된다.)

블로그

https://www.youneedabudget.com/blog/

(가계부에 관한 글이 거의 매일 올라온다.)

주간 뉴스레터

https://www.youneedabudget.com/weekly-round up/

('와이냅 한 주 요약'은 늘 짧고 유용하며 감동을 줄 것이다.)

가이드

https://www.youneedabudget.com/guides/

(네 가지 원칙뿐 아니라 그 밖의 굵직한 주제에 대한 영감과 노하우를 제공한다.)

웹 커뮤니티

분에 넘치게 멋진 커뮤니티를 만들어 준 와이냅 팬들에게 감사드린다. 인터넷 공간은 끝이 없다 보니 놓친 커뮤니티도 있겠지만, 이 책을 쓰는 시점에 가장 활발한 교류가 이루어지는 곳들을 꼽자면 다음과 같다.

페이스북 페이지

- **와이냅 팬 페이지**
  https://www.facebook.com/groups/YNABFans/
- **친절한 와이냅 지원 센터 페이지**
  https://www.facebook.com/groups/1401727190120850/

그 밖에 페이스북(facebook.com/iYNAB/), 인스타그램(@youneedabudget), 트위터(@와이냅)에서도 와이냅을 접할 수 있다.

매달, 무조건 돈이 남는
예산의 기술

1판 1쇄 발행 2018년 11월 7일
1판 3쇄 발행 2019년 6월 21일

지은이 제시 메캄
옮긴이 김재경
펴낸이 고병욱

기획편집실장 김성수 **책임편집** 박혜정 **기획편집** 윤현주 장지연
마케팅 이일권 송만석 현나래 김재욱 김은지 이애주 오정민 **디자인** 공희 진미나 백은주
외서기획 이슬 **제작** 김기창 **관리** 주동은 조재언 **총무** 문준기 노재경 송민진 우근영

교정 김연주

펴낸곳 청림출판(주)
등록 제1989-000026호

본사 06048 서울시 강남구 도산대로 38길 11 청림출판(주) (논현동 63)
제2사옥 10881 경기도 파주시 회동길 173 청림아트스페이스 (문발동 518-6)
전화 02-546-4341 **팩스** 02-546-8053
홈페이지 www.chungrim.com
이메일 cr1@chungrim.com
블로그 blog.naver.com/chungrimpub
페이스북 www.facebook.com/chungrimpub

ISBN 978-89-352-1239-2 03320